MAGISTERIO
EDITORIAL

www.magisterio.com.co

Compilador
Fernando González Cajiao

Teatro
Popular y Callejero
Colombiano

artística**mente**
MAGISTERIO

artísticamente
MAGISTERIO

Teatro popular y callejero colombiano

Compilador
© Fernando González Cajiao

Libro ISBN: 978-958-20-0356-2

1997. Primera edición
2016. Segunda edición

© Cooperativa Editorial Magisterio
Diagonal 36 Bis (Park Way) No. 20-70
PBX: 338-3605
Bogotá, D.C. Colombia
www.magisterio.com.co

A los maestros:

Fernando González Cajiao
Eugenio Barba

Reflexión y memoria
sobre el teatro callejero

El Teatro Taller de Colombia cumple 25 años de trabajo, y quiere la buena fortuna que dentro de su celebración incluya la edición del presente libro *Teatro Popular y Callejero Colombiano*. Con lo cual promueve una actividad sistemática de reflexión sobre esta modalidad teatral en nuestro país, al tiempo que permite la memoria de un fenómeno que cuenta con raíces ancestrales y constituye un referente cultural para una generación de espectadores que, bien podríamos decir, comparte con el teatro Taller de Colombia el arribo a su propia madurez.

Porque a todas luces, el presente volumen cumple de manera simultánea los dos propósitos enunciados: ser una memoria del trayecto recorrido por el teatro callejero en los tiempor recientes, esos mismos trazados por la vida del Teatro Taller, y, a la vez ser el testimonio de reflexiones y resultados de las investigaciones emprendidas por estudiosos del fenómeno teatral. En suma, la presente obra es memoria y reflexión del teatro callejero en cuanto fenómeno cultural.

Pues bién, además de lo dicho, no es fortuito que sea justamente el aniversario del Teatro Taller de Colombia el suceso que posibilite esta labor de reflexión sobre el teatro callejero. Y digo que no es fortuito, por cuanto el onomástico mismo enmarca un período cultural preciso, tanto en la aparición del teatro de la calle en nuestro panorama, como su reconocimiento en tanto manifestación artística. Quiero decir que los veinticinco años que celebra en 1997 el Teatro Taller de Colombia son considerables desde que el teatro callejero empieza a ser reconocido como una modalidad cultural importante de profunda contemporaneidad para nuestros creadores y público.

De lo anterior surge una inquietud múltiple que, con seguridad, el lector podrá dilucidar con la lectura del presente texto. Esta inquietud proviene de la pregunta ¿ de dónde, de qué tradición surge en nuestro medio la expresión artística del teatro callejero?. Es decir, ¿Cuáles son sus motivaciones profundas? ¿Cuáles sus propósitos, si es que existen de manera explícita? ¿ Cuál es la tradición de la que es continuidad?

Este interrogante, en el prólogo de un libro cuyas contribuciones y el propósito de sus autores asumen en profundidad, no intenta ser respondido sino provocar la lectura del texto, que propondrá su propia respuesta. Pero, de nuevo aquí en esta representación, el interrogante puede ser una excelente excusa para esbozar, no tanto los lugares de origen, como algunos de los rasgos que especifican esta modalidad expresiva.

Sin duda, la tradición estética que representa el Teatro Taller de Colombia corresponde a un fenómeno ligado a la modernidad de nuestro teatro. Quiero decir más allá de sus fuentes y de sus ancestros, un trabajo como el del Teatro Taller y como el de muchos de los hombres y mujeres de teatro que escriben en este libro nos inquieta y concita nuestra atención en tanto expresión de teatro moderno. Valga decir, un teatro que nos es contemporáneo por las inquietudes humanas y estéticas que lo animan. Esto es importante expresarlo así porque, de un lado, nos enfrenta a un fenómeno estético teatral de extrema actualidad; pero también, porque nos permite enmarcarlo en el surgimiento del teatro moderno en nuestro medio. Fenómeno este que, si mucho, data de la década de los años cincuenta, sino, mejor aún, de los años sesenta.

El teatro moderno no arraiga en nuestro país sino a partir de las postrimerías de la década de los años cincuenta, cuando la inauguración de la televisión y la proliferación de teatros universitarios y de arte que promueven procesos de especialización y de dedicación de nuestros creadores teatrales. Procesos que al tiempo, estimulan la apertura de nuestros teatreros a las corrrientes en boga en Europa y Norteamérica. A pesar del entusiasmo de nuestros investigadores, de los años cincuenta hacia atrás no logra consolidarse una producción teatral que arraigue en una tradición de continuidad. Por tanto, aún reconociendo, lo que es obvio, que el teatro no se inventa en Colombia en las décadas citadas, es preciso admitir que sólo a partir de entonces se genera un movimiento de honda reacción y proyección hacia el futuro.

En el marco de este fenómeno de consolidación, si no inauguración, del teatro moderno en Colombia, aparece el teatro callejero con el ímpetu y las características que le reconocemos hoy. Y no como sucedáneo del teatro de sala, sino estableciendo o indagando las condiciones y las características que lo especificarán como teatro callejero y popular. Lo cual no es obstáculo para que muchos de sus propósitos sean compartidos con aquel teatro.

En sus orígenes, como en gran parte de su presente, nuestro teatro callejero es continuidad de una tradición ancestral que se remonta a la época precolombina y a los primeros momentos del descubrimiento y la conquista, por ello está dotado con huellas de nuestra primigenia teatralidad a la que se suma la teatralidad colonial. Pero al tiempo, el teatro callejero, como casi la totalidad de nuestro teatro, corrresponde a la tradición utópica de restringir la autonomía del fenómeno artístico para inscribirlo en una voluntad de transformación social y de participación en las luchas reivindicativas y sociales de la población de nuestro país. De allí hereda un rasgo radical de vinculación con un proyecto histórico que desborda en el marco meramente estético para inscribirse en un proyecto humanista de más largo alcance. Y no obstante, de manera simultánea, el teatro callejero es el escenario propicio para la indagación de las más refinadas sensibilidades experimentalistas, laboratorio de exploración de técnicas y de gestos de profunda vocación vanguardista. Ligado con lo anterior,pero sin disolverse en ello, el teatro callejero estimula una vocación de instauración y búsqueda de la imagen poética y de la poeticidad misma, en una vertiente que hace del teatro de la calle con respecto del teatro de sala, el poema ligado a la prosa. Pero finalmente inmerso de manera radical en las condiciones culturales y sociales de nuestro medio, el teatro callejero, en muchas de las veces, es también la respuesta original de nuestros creadores al déficit de la infraestructura y la ausencia de una cultura teatral de asistencia a los teatros de nuestro medio y de nuestras gentes.

Sea ocasión de regocijo el que una experiencia, como la del Teatro Taller de Colombia, arribe a los veinticinco años de existencia en nuestro medio, a menudo indiferente, y que además motive actividades de reflexión y memoria.

VÍCTOR VIVIESCAS
Santafé de Bogotá, Enero 1997

Capítulo 1

Las raíces de
un árbol frondoso

Pilatos en semana santa , litoral Pacífico, Colombia

El teatro callejero y la búsqueda del teatro popular

Fernando González Cajiao

Las tradiciones populares nunca han interesado a las clases dirigentes", dice categóricamente la directora de teatro Rosario Montaña en su estudio titulado *El teatro en Colombia y las tradiciones populares.* Y en este punto están de acuerdo quienes se han interesado por rescatar el enorme acervo de tradiciones populares en Colombia, como Javier Ocampo López, Gloria Triana, Octavio Marulanda, Manuel y Delia Zapata Olivella, Nina S. de Friedemann, Juan Monsalve, Jairo Santa o Enisberto Jaraba, además de la mayoría de los grupos teatrales callejeros que trabajan hoy en día en Colombia.

Y es que, como señala Javier Ocampo López en su libro *Las fiestas y el folclor en Colombia*, las tradiciones populares son así denominadas justamente porque no han sido institucionalizadas por el estamento social dominante, porque son una «subcultura», porque hoy en día apenas empiezan a ser conocidas y consagradas «oficialmente»; es por ello que las llamamos «populares», en oposición a las «institucionales» u «oficiales»; aunque no se puede deducir que las tradiciones populares tengan que ser menospreciadas por la cultura oficial como condición para que existan, quizás sea justamente esa falta de atención institucional, esa gran libertad con que se han manifestado, lo que les confiera el interés de ser un testimonio cultural auténtico, espontáneo y libre; es posible preguntarse si, con la intervención de los estamentos institucionales, estas tradiciones populares no hubieran justamente perdido su propia identidad, ya que la autonomía, la espontaneidad y la libertad son atributos fundamentales de la cultura popular.

Colombia, como señala igualmente Javier Ocampo López, se destaca en el concierto mundial por el gran número de fiestas populares que realiza: «Es una nación en donde sus ciudades, pueblos, aldeas y veredas hacen muchas fiestas, carnavales, reinados, bazares, jolgorios, luminarias, velorios, negreras y otras manifestaciones de la alegría popular», nos dice.[1] De manera que las fuentes en que ha bebido y puede beber hoy en día el teatro callejero colombiano, que desea acercarse a esos gustos festivos de nuestro pueblo, son extremadamente ricas y complejas, quizás imposibles de clasificar en su totalidad.

Pero debido al desprecio tradicional en que las clases dominantes han mantenido a las representaciones populares —ya que, en buena medida, son supervivencias de costumbres no occidentales— , el teatro colombiano parece dividirse, desde la conquista española, en dos vertientes:

• Un teatro oficial, perteneciente a los estratos dominantes, con origen en la metrópoli y que luego sería copia casi fiel de los moldes desarrollados en Europa o en los Estados Unidos; este teatro se desarrolló, por un lado, sobre la base de los patrones de creencias católicas, con el objeto de convertir a los pueblos sometidos y, por el otro, entre los círculos sociales dominantes, representándose, por lo general y sobre todo, a partir de la construcción de los primeros «coliseos» o teatros sólo a finales del siglo XVIII, en lugares sólo accesibles a esa clase social, con un público del mismo estrato, escaso y escogido, conformado la mayoría de las veces por «intelectuales» y «conocedores». Este tipo de teatro, cuya herencia es hoy fundamentalmente el comercial, se sigue haciendo en salas que limitan su público no sólo por razones económicas, sino también sociales e ideológicas.

• Por otro lado, una vertiente popular alejada de los cánones estéticos oficiales y de la moda, desarrollada ya fuera entre grupos *indígenas* que siguieron siendo más o menos fieles a sus antiguas creencias y costumbres, o que asumieron como propias —mestizándolas— las tradiciones ibéricas, por grupos *negros*, que conservaron algunas de sus tradiciones africanas y las mezclaron con las del Nuevo Mundo; o por comunidades *mestizas* que crearon nuevos géneros espontáneamente, por una necesidad siempre humana de teatralizar. Este teatro se representó generalmente en áreas abiertas a todo género de público, con ocasión de ciertas festividades que eran permitidas, toleradas o incluso, en ocasiones, estimuladas por las clases dominantes, en especial las eclesiásticas, con ocasión de desfiles, procesiones, carnavales o festejos religiosos y civiles; muy a menudo estas representaciones cubrieron tradiciones y creencias fundamentalmente paganas con un traje occidental cristiano; sólo hasta la segunda mitad del siglo XX esta vertiente popular del teatro ha llamado la atención de algunos teatristas «cultos», que buscan fundamentar su arte en estas raíces, tanto de aquellos grupos que representan en recintos cerrados, como de gran parte de los actuales grupos callejeros, grupos que, al mismo tiempo, tienen conocimiento y contacto con la cultura «oficial» e internacional, logrando una síntesis entre estas tradiciones y las técnicas más modernas del teatro contemporáneo.

Las tradiciones teatrales populares habían sido, como hemos dicho, primero las *indígenas*, autóctonas del continente, luego las *negras*, llegadas con los esclavos africanos, y finalmente las *mestizas*, que habían surgido de la fusión de los tres grupos étnicos. Algunos rituales indígenas sobrevivieron en forma mestiza a través de toda la colonia y aún hoy se representan; los rituales negros no sobrevivieron puros, se dieron en forma mestiza y mulata no solamente en los carnavales que se celebran en muchas localidades del país, sino en otras representaciones de tipo folclórico; los dioses indígenas o negros, que se veneraban en estas ceremonias, asumieron la mayoría de las veces la figura de un santo patrón tomado del Cristianismo, para poder sobrevivir sin que fueran atacados por los estamentos dominantes.

A mediados del siglo XX, especialmente con el advenimiento del movimiento teatral de los años sesenta, que confrontaba el teatro comercial anterior, debido, sobre todo, a su característica forma extranjerizante y elitista, se despertó la inquietud por hacer un teatro popular y estas tradiciones, poco a poco, han despertado cada vez más el interés de los teatristas. Hay personas y grupos pioneros en el despertar de ese interés, que mencionaremos a su turno. Es indudable que muchos grupos callejeros nacidos posteriormente (décadas de los ochenta y noventa), también siguen esta tendencia, penetrando a veces con mucha mayor profundidad y originalidad en estas tradiciones, dejando así lo puramente folclórico y pintoresco, como lo eran, hasta cierto punto, en los primeros intentos por hallar estas raíces populares del teatro colombiano, para transformarse, en ocasiones, en experimentos formales que involucran las últimas técnicas del teatro universal, incluyendo no sólo las europeas, sino también las asiáticas.

Parece pues necesario empezar este estudio detallando cuáles son esas tradiciones populares que sobreviven, las indígenas más o menos puras, las negras, las mestizas, luego las que fueron estimuladas por la Iglesia; a este respecto, se desarrolló en Colombia desde el siglo XVI y sobrevivió hasta muy recientemente, un teatro destinado específicamente a la conversión de indígenas, es decir, un teatro misionero; de este teatro, sin embargo, prácticamente nada se ha rescatado, como veremos en su lugar; pero sí perduran todavía, con ocasión de ciertas fiestas religiosas cristianas, como la Pasión de Cristo, los Reyes Magos, la Navidad, algunas representaciones teatrales religiosas que tienen su relación con el teatro misionero; yfinalmente, será necesario aportar algunos datos sobre los grupos que en la actualidad se dedican al teatro popular, en particular al teatro callejero.

Representaciones indígenas precolombinas

Es un hecho comprobado que los indígenas americanos, en general, disfrutaban mucho del teatro y que las grandes civilizaciones americanas, aztecas, mayas e incas, lo tuvieron y desarrollaron en forma extraordinaria. De ello son testimonio las obras sobrevivientes, todas ellas realizadas en espacios abiertos: *El Rabinal Achí*, de los mayas, el *Ollantay* de los incas, el *Güegüense o Macho Ratón* de Nicaragua. Jairo Santa, ha hecho llegar a mis manos el precioso texto de una obra azteca, titulada *La y sus cuatrocientos hijos*, aparentemente parte de una obra mayor dedicada al dios Huitzilopochtli, guía de este pueblo en su peregrinación desde Aztlán hasta el Valle del Anáhuac. Esta pequeña obra, curiosamente, fue publicada en Barranquilla, en una edición hasta el momento rarísima.[2]

En lo que a Colombia se refiere, sólo a través de los cronistas podríamos constatar si ese teatro precolombino exitió. En el centro de nuestro país, en los actuales departamentos de Cundinamarca, Boyacá y Santander , los muiscas dan testimonio de su afición histriónica con la existencia de numerosos bailes, ceremonias rituales, desfiles, procesiones y peregrinaciones, que no carecen de elementos teatrales importantes; en lo que al teatro callejero se refiere, es casi increíble hallar el siguiente dato, aportado por Lucas Fernández de Piedrahita, que muestra la calle como escenario de la siguiente representación:

... Pues además de la curiosidad con que se habían labrado, procedía de cada cual de los cercados una carretera o calle de cinco varas de ancho y media legua más, y menos de longitud, tan nivelada y derecha que, aunque subiese o bajase por alguna colina o monte, no discrepaba del compás de la rectitud un solo punto; de las cuales hay rastros hasta nuestros tiempos, aunque ya no las usan. Y en el pueblo de T enjo, en el sitio del Palmar, está una carretera bien derecha que baja de lo alto del monte hasta el mismo lugar en que había dos palmas bien elevadas y coposas, de cuyas raíces nacía una hermosa fuente, que, por haberse tenido noticia del respeto con que las veneraba la idolatría de algunos indios, fueron cortadas año de mil quinientos treinta y seis o siete, por orden de don Francisco Cristóbal de Torres, Arzobispo del Nuevo Reino.

Estas carreras o calles eran entonces los teatros *en que celebraban sus fiestas con* entremeses, *juegos y danzas al son de sus rústicos caramillos, ostentando cada cual su riqueza en el arreo de plumas, pieles de animales y diademas de oro; y cuando ya llegaban al remate de la carrera, hacían ofrendas a sus ídolos, no sin gran desperdicio de sangre humana, pues para este fin ponían sobre las gavias de aquellos mástiles que referimos al capítulo antecedente, alguno de sus esclavos vivo y ligado, a quien, disparando los de la fiesta muchas tiraderas, lo maltrataban y herían hasta quitarle la vida desangrándolo, con fin de que la sangre cayese sobre muchas vasijas que diferentes dueños ponían al pie del mástil, y con la que recogían aquellos que tenían suerte de que en las suyas cayese, coronaba la ceremonia de su sacrificio ofreciéndosela al demonio, y se volvía (con el mismo orden y forma de los juegos y danzas que llevaron) a la casa y cercado del cacique, de donde tenía principio la carrera, el cual los despedía con muchos favores de palabra, alabando en algunos la gala, en otros la destreza y en todos el buen celo.* [3]

Indígenas Paeces

Como vemos, en estas ceremonias existían los «vestuarios» (la gala) y la «actuación» (la destreza), que el cacique premiaba al final del festejo y desfile. Antecedente insospechado del teatro callejero colombiano que se remonta a los tiempos precolombinos.

Pero hay otros rituales muiscas aún más elaborados, como los que referimos en seguida, que extractamos de nuestro libro *Historia del Teatro en Colombia*, y los cuales, como es obvio, se desarrollaban al aire libre:

La ceremonia del Huan de los muisca

La ceremonia del Huan es descrita por Pedro Simón en su crónica *Noticias Historiales*, publicadas en 1953. Esta ceremonia se basa en un mito sobre el origen del hombre, según una leyenda que decía que, al comienzo de los tiempos, el cacique de Ramiriquí y el de Sogamoso habían creado al hombre y a la mujer, al primero de barro amarillo y a la segunda de una caña hueca; luego estos dos caciques subieron al cielo y se transformaron en el sol y la luna, a los que los indios tenían que adorar como dioses. La ceremonia se realizaba en Sogamoso, ciudad hoy en día del departamento de Boyacá, cada diciembre, en conmemoración de ese mágico acontecimiento.

La ceremonia del Huan consistía en el baile de doce danzantes vestidos de rojo y uno vestido de azul; se acompañaban de instrumentos musicales y cantaban canciones que, según Simón, hacían llorar al público, con su alusión a la incertidumbre de lo que pasaría después de la muerte; conociendo los cantos aztecas de tipo metafísico que también manifiestan la duda sobre la vida después de la muerte, los muiscas nos hacen pensar en una rica literatura que se ha perdido, porque no conocían la escritura.

La ceremonia del moja

Otra ceremonia era la del sacrificio del *moja*, quien era un joven de quince años que encarnaba al dios Bochica; el *moja* realizaba el mismo recorrido que había hecho Bochica en la tierra de los muiscas, en una época remota que, según los arqueólogos, pudo haber sido alrededor del año mil de nuestra era; dios civilizador , Bochica les había enseñado a vestirse y a cultivar la tierra; había secado, además, la laguna que cubría entonces lo que es hoy la meseta plana de la sabana de Bogotá, creando el Salto de Tequendama; se dice que Bochica tenía barba blanca larga y se asemeja al dios Viracocha de los incas o al Quetzalcóatl de los aztecas; la ceremonia se realizaba cada quince años, ya que entonces se cumplía un ciclo de tiempo, según la cronología muisca; al *moja* lo acompañaba otro dios llamado Nencatacoa o Fú, dios de la chicha y de la embriaguez; el *moja* era un niño que en esa fecha cumplía exactamente quince años; como hemos dicho, era la personificación o encarnación de Bochica y los asistentes al desfile lo consideraban como tal; estaba adiestrado especialmente en el canto; Fú también cantaba, pero cosas completamente irreverentes y opuestas a lo que decía el *moja*; la procesión pasaba por localidades actualmente existentes en el departamento de Cundinamarca (Bosa, Tenjo, Tabio) y terminaba en Sogamoso, donde

Bochica había fundado el sacerdocio, con el sacrificio ritual del *moja*, a quien se le abría el pecho desnudo para sacarle el corazón.

Obviamente, estos rituales desaparecieron totalmente con la conquista y sólo podemos conocerlos por las crónicas de Pedro Simón y otros autores, que no son muy explícitas.[4]

Javier Ocampo López nos habla también de una antigua tradición dancística entre los indígenas muiscas de Tunja. Refiriéndose a las procesiones de Corpus Christi; ya en la colonia escribe:

> *En Tunja los indios chibchas salían por par cialidades e interpretaban sus correspondientes danzas, entre las cuales destacamos la Danza de las Cintas y las comunes Danzas del Corpus, con avances, retrocesos y golpes con garrotes en el suelo al son de flautas y tambores.*[5]

Es posible que los golpes con garrotes en el piso que daban estos bailarines indígenas hayan sido la representación de alguna forma de ahuyentar los malos espíritus.

Representaciones puras actuales

Representaciones guajiras

Roberto Pineda Giraldo estudió estas representaciones en un ensayo titulado «La magia como origen del teatro en la Guajira» y lo publicó en la Revista del Instituto Etnográfico Nacional Nº III, en 1946, página 120 y siguientes.

Divide estas representaciones en dos géneros:

A. Juegos dramáticos improvisados.

B. Representaciones cuya acción está estrictamente pre-establecida.

C. Yo añadiría una tercera que llamaría representaciones épicas, sobre hechos que realmente han ocurrido, especialmente las guerras entre las distintas tribus guajiras.

Todas estas representaciones se realizan durante un festival llamado el *Baile de la cabrita*, en honor de Mareiwa, diosa de las lluvias. Curiosamente, y además de la danza, la música y el canto, comunes a todos los rituales indígenas, en ellas participa también un Narrador.

El juego de las tortugas. Un ejemplo del primer tipo es el juego de las tortugas; los indios se dividen en dos hileras contrarias, que representan tortugas; cada hilera tira de su lado; tortuga que logre ser separada de su bando, pasa al lado del contrario; gana el juego el bando que tenga más tortugas.

Los tigres y los perros. Este es un ejemplo del segundo tipo de juegos; hay una batalla entre tigres y perros, pero los tigres siempre deben salir triunfantes; parece que el tigre sigue teniendo un valor mítico (el célebre jaguar de los indios suramericanos, tan importante en la mitología del Perú y de Colombia); el perro podría representar el animal tradicional de los conquistadores, enemigo para el indio, porque estaba adiestrado para perseguirlos en la conquista.

El diablo y los indios. Esta es otra representación del segundo tipo, pero más rica y compleja, un indio cubierto con una manta negra representa al diablo, llamado Yurujá; cuando otro indio aparece paseando desprevenidamente, Yurujá lo toma con el pulgar y el índice por las narices y lo hace caer; este indio está muerto; así mata Yurujá a tres indios más; los otros indios se rebelan contra el diablo y lo matan; el diablo desaparece de escena pero al rato regresa, lucha y mata a todos los indios; el diablo se quita su manta y termina el juego (el diablo y la muerte son la misma cosa, porque la palabra es la misma). La obra, como vemos, es una danza de la muerte americana.

La guerra entre tribus. De representaciones de carácter épico es ejemplo la que representa el rapto de una mujer de una tribu por otra y la batalla que sigue entre los dos grupos; la utilería y la escenografía son elementos naturales, como pedazos de cardos que uno y otro grupo se lanzan. En estas representaciones se utiliza la música y la danza y la acción es en ocasiones descrita por el narrador como hemos dicho; las piezas no parecen haber sido contaminadas por el teatro español y por lo menos hasta los años cuarenta, se conservaban intactas.

El Yuruparí del Amazonas

Narrado por Gloria Triana. En una de las fiestas que aluden a este mito amazónico; en él se celebra la cosecha del chontaduro; sólo hombres se disfrazan de animales para esta ocasión y realizan, al entrar a la maloca, los gestos y actividades que corresponden a cada uno: el comején, la gaviota, el gallinazo, hasta que entran cien animales; entonces entra el pescado llamado Tori, que porta un gran falo; luego entran unos hombres disfrazados con cachos y llevando unas ramas con las que golpean el piso —como barriendo o espantando malos espíritus —a lado y lado del cuerpo; la danza termina con la noche. Se bebe mucha chicha y se masca coca.

Rito de la pelazón de los indios ticuna

Narrado por Enisberto Jaraba. Sobre este ritual su grupo realizó una obra titulada *Arara*, que presentó ante los indios de la región amazónica, distante algunos kilómetros del puerto colombiano de Leticia. También presentaron la pieza infantil *Muñeco*, escrita por Helena de Medina, integrante del grupo, inspirada igualmente en *La pelazón*.[6]

El rito versa sobre la iniciación a la pubertad de la mujer ticuna. La niña es encerrada varios días y sólo su madre la puede atender, aunque también la asiste una vieja; el padre, mientras tanto, prepara la comida para la fiesta, que ha de durar tres días. La niña es arreglada para la ocasión, pintándola totalmente de negro, cubriéndole el cuerpo con plumas blancas y la cabeza con largas plumas de guacamaya que le cubren la cara.

Los invitados llegan disfrazados de animales o demonios; imitan los animales y permanecen fuera de la maloca, en el patio, hombres y mujeres separados; la fiesta se inicia con el baile de hombres de distintas edades que llevan colgado de los hombros un tambor; hacen variadas figuras por todo un día.

Al otro día sacan a la niña del encierro y le quitan la *yanchana*, que es una especie de falda de color rojo; ella se coloca de espaldas a los hombres, quienes, en fila, van pasando y le hacen líneas verticales sobre el cuerpo con una tinta de fruta; luego la vuelven a encerrar; los demás beben y comen.

Luego se dirigen a un joven y le cantan el canto de la pelazón. El joven les contesta también cantando; ese joven saca a la niña de su encierro y todos cantan en círculo, dando pasos hacia adelante y hacia atrás; la niña se coloca en el centro del círculo, arrodillada; con mucho respeto, varios varones se turnan para bailar con la niña; entre baile y baile la vieja que atiende a la niña le arranca mechones de pelo hasta que sólo le queda el que tiene debajo de la corona de plumas de guacamaya; entonces los indios se quitan sus máscaras y se las entregan al padre; dan vueltas con ella alrededor de la casa y queman en el patio las ropas que la niña usó en el encierro.

La niña se arrodilla nuevamente en una *yanchana* y varios hombres la levantan y dan vueltas con ella mucho tiempo, terminando por arrojarla entre un pozo, donde se baña; dice Jaraba que «allí hay una flecha con poderes mágicos, que la protege de los demonios acuáticos.» En el agua, los hombres le desprenden la pintura y las plumas; al salir cantan y beben largo rato, se retiran y ahí termina el ritual.

El narrador cuenta que arrancar el pelo significa para los indios la muerte del cuerpo, mente y alma, para que la niña se reencarne en una mujer adulta y responsable. «Antes de pasar por este ritual, la mujer trae, desde su nacimiento, los pecados de la vida, y, por lo tanto, es necesario que se realice su purificación del cuerpo.» Equivale pues esta ceremonia a una especie de bautismo.

Representaciones mestizas actuales

La danza de las Farotas

Es narrada por Gloria T riana. Se celebra en T alaigua (Departamento de Bolívar). Hace parte del carnaval y participan 17 danzantes, todos hombres, disfrazados de mujeres. Tiene raíz indígena satírica; su argumento versa sobre las mujeres indígenas que se entregan al blanco atraídas por sus regalos, representados en la obra por sombrillas de colores y abalorios.

El milagro y las cargas

Es también descrita por Gloria Triana. Se celebra en Valledupar, departamento del Cesar, desde el siglo XVI, y narra un levantamiento indígena y un milagro de la Virgen; sus participantes son indios tupes y chimilas; se realiza el 29 de abril para celebrar la fiesta de la Virgen del Rosario.

Se inicia con la misa, los indios vestidos con sus trajes tradicionales; se danza el baile de la culebra dentro de la Iglesia, acompañado con gaita, tambor y caracol marino; por la tarde, en la plaza, se representa el baile llamado *El milagro y las cargas*. Los personajes son un cacique, el capitán español, soldados de la guardia española, negros e indígenas tupes; los papeles son en su mayoría heredados dentro de las familias; la obra empieza con la entrada del español a tierra de los indios para apoderarse de su riqueza; tupes y chimilas se alían contra el español y deciden envenenar la laguna; los españoles beben en la laguna y se envenenan; los indios salen de sus escondites para rematarlos y aparece flotando en el aire una mujer vestida de blanco, que es la Virgen, y resucita a los españoles con una varita; pelean el cacique y el capitán español; el cacique muere, pero un guardia lo lleva delante de la Virgen y ella también lo resucita; la obra termina con el abrazo entre el español y el indio.

La danza de los Sanjuanes de los indios Kamsá del Putumayo

La narra Gloria Triana. Se baila en la fiesta del Corpus Christi. Es de origen precolombino, pero ha sabido adaptarse y es aceptada por la Iglesia que ve en ella la representación de la degollación de San Juan Bautista. Los indios usan dos tipos de máscaras, una femenina (la luna) y otra masculina (el sol); para ellos la máscara funciona como la manera de comunicarse con los antepasados, de manera que el sentido de esta danza es para ellos distinto al de los cristianos: la máscara se convierte en este ritual en la forma de evadir al blanco, se vuelve disfraz que oculta su verdadera función, el papel de conservadores de la identidad de los sanjuanes se patentiza quizás en el hecho de que, durante el carnaval, mientras todos los demás indios deben arrodillarse frente a las autoridades, sobre todo las eclesiásticas, en señal de sumisión y obediencia, los danzantes pasan indiferentes, sin siquiera mirar al obispo, se colocan aparte y permanecen de pie.

Danzantes de Males (nombre de tribu en Nariño)

La narra también Gloria Triana. Se realiza el día de la fiesta de San Bartolomé. Es de origen precolombino, dice, pero se enmarcó dentro de las fiestas católicas; se realiza sólo con acompañamiento de flauta y tambor; su sentido simbólico se ha perdido; tiene una compleja coreografía dividida en 17 partes que alude míticamente a la serpiente (símbolo de la sabiduría para algunos pueblos indígenas).

Danzas y representaciones
de origen negro

Mojigangas

Dice Gloria Triana que esta forma teatral nació entre los esclavos negros que vivían ya en la región de Sevilla, en España, cien años antes de la llegada de los españoles a América; esta misma aseveración es hecha por el investigador cubano Rine Leal en sus análisis de ceremonias antillanas; los negros de Andalucía salían enmascarados al carnaval, llevando muñecos o ídolos de madera, mensajeros de los espíritus, que ellos llamaban *mojigangas*; las mojigangas se convirtieron en un género de teatro independiente y así llegaron a América; su origen africano es indiscutible.

Pero dice Gloria Triana que, al contrario de lo ocurrido en las Antillas, en Colombia las tradiciones negras no se conservaron puras, tal vez por el diverso origen étnico de los grupos negros que aquí llegaron y que no pudieron preservar tradiciones específicas de ciertas «naciones»; sea de ello lo que fuere, lo cierto es que, dentro de los cabildos, algunas de esas tradiciones sí se conservaron en las Antillas, existiendo la adoración a ciertos dioses africanos, que los negros transformaron en la figura de santos cristianos, sobre todo en Cuba; el santo Santiago, protector de los ejércitos españoles, puede ser el disfraz que tomó Changó.

Mascaradas

La mascarada consiste por lo general en la encarnación física de una entidad espiritual (divinidad o antepasado); en el África se usaron las máscaras, pero, dice Gloria Triana, en América esas máscaras africanas (de marfil, metal o madera) desaparecieron totalmente; en estas representaciones hay una interacción entre los humanos y las divinidades; la danza del Congo, del carnaval de Barranquilla, tiene origen en esas mascaradas; los congos también portan fetiches, como las mojigangas; mucho del significado de estas antiguas danzas se ha perdido y ahora sólo son divertimientos; tampoco, dice Triana, sobreviven en Colombia (como en el Caribe y Brasil) los cultos a dioses africanos (santería, vudú y macumba).

Octavio Marulanda ha podido trazar la representación de mojigangas durante la colonia, en el área de Cali, en el Valle del Cauca; transcribe la siguiente, de 1717: «A la noche entraron los indios vestidos a su usanza antigua e hicieron su máscara.» Lo curioso es que aquí se habla de indios y no de negros. Habla Marulanda de tres tipos de mascaradas: una perteneciente a la jerarquía gobernante, otra a los mestizos y una tercera a los indios (no a los negros).

El mismo autor halla que en 1746 se permitió una mojiganga con once capitanes para la proclamación del rey don Fernando. Define Marulanda la mojiganga como «una obra muy breve, destinada a hacer reír, con empleo de recursos propios de la farsa y de la pantomima, incluyendo los disfraces y las máscaras.»

Representaciones de origen español

El teatro misionero

Me parece necesario referirme aquí, antes de hablar de representaciones más recientes, a ciertas noticias que permanecen hasta ahora en gran oscuridad y que podrían deparar muchas sorpresas a los investigadores si las buscaran con empeño. Me refiero a la existencia de un teatro misionero en Colombia, escrito en general por sacerdotes católicos pero actuado por indígenas, desarrollado a partir del siglo XVI, en forma similar, sin duda, a como ocurrió en México, Perú, Bolivia o Paraguay; en dichos países, en efecto, se han rescatado algunas piezas teatrales de este género y   , en México por lo menos, han sido publicadas; en Colombia, hasta ahora, sólo he podido recoger pocas noticias de su existencia, largamente presentida, aunque hasta el presente no he podido encontrar, en apoyo de estos documentos, ninguna obra de este género entre nosotros, si es que en alguna parte se conserva todavía; en México estas obras representaron argumentos relativos a la doctrina católica en lengua indígena, conservando muchos elementos del teatro medieval europeo, pero añadiendo, a menudo, otros que pertenecían a tradiciones indígenas locales que la Iglesia toleraba, apoyaba o incluso estimulaba.

Una de las noticias sobre la existencia de este género teatral entre nosotros, desarrollado en las plazas frente a la iglesia de pequeñas poblaciones mayormente indígenas —ya que, como se sabe, el indio americano fue en general reacio a adorar a sus dioses en recintos cerrados— proviene de Santiago Londoño V, en su reseña titulada *El templo doctrinero de Tópaga*, la cual dice textualmente: [7]

> *Carlos Arbeláez Camacho fue el primero en estudiar en nuestro medio la peculiar organización de los espacios religiosos en los centros de evangelización. Estableció la existencia en ellos de los siguientes elementos comunes: el monasterio o casa cural, la capilla* abierta *de una nave, la plaza o atrio, la cruz atrial y las* capillas posas. *La capilla es llamada* abierta, *porque los fieles permanecían al aire libre en la plaza y el sacerdote bajo techo en la* antecapilla, *lograda mediante el desplazamiento hacia el interior del muro de la fachada. Aparte de los fieles doctrinales, se usaba a veces para actividades profanas, como* fiestas o representaciones teatrales *dirigidas por los eclesiásticos.*

Carlos Arbeláez y Santiago Sebastián, en efecto, en el volúmen XX de la *Historia Extensa de Colombia*[8] se refieren a estas representaciones teatrales en los siguientes términos muy escuetos:

> *El espacio abierto anterior al templo,* atrio *según el vocabulario mexicano, o* plaza *en nuestro caso, era de suficiente extensión como para contener las grandes aglomeraciones de fieles y curiosos y para enseñarles allí mismo la doctrina. En muchas ocasiones, dicho espacio fue utilizado también para fiestas de carácter profano; en la Nueva Granada* se llegaron a representar obras del repertorio del teatro teológico, siendo los actores los propios indios, adiestrados por los curas doctrineros. [9]

Y luego sigue diciendo el primer autor citado, Santiago Londoño:

> La plaza y las capillas posas fueron el escenario para las festividades y concurridas
> procesiones, en las que el ceremonial litúrgico dio espacio a los coloridos trajes locales,
> a los cantos y a las danzas.

Tópaga, población de Boyacá cercana a Sogamoso, fue encomendada a los misioneros jesuítas en la primera mitad del siglo XVII; luego permutaron esa misión por la de
Pauto, en los llanos del Casanare, donde permanecieron hasta su expulsión, en 1767;
así pues que el primer dato que nos llega del teatro misionero en Colombia pertenece
a las misiones jesuíticas, aunque es casi seguro que otras comunidades religiosas (los
agustinos, franciscanos y dominicos) también lo hayan realizado en otros o en los
mismos pueblos en diferentes épocas.

El padre Juan Rivero, jesuíta, autor del libro *Historia de las misiones de los llanos
de Casanare y los ríos Orinoco y Meta*, escrito en 1736 y publicado en 1883 por la
Imprenta de Silvestre de Bogotá, nos dice que las capillas posas de Tópaga fueron
construidas por el padre Francisco de Ellauri, gran aficionado a la música —que entonces no era ajena al teatro— para dar mayor realce a las procesiones religiosas; es
por demás curioso que lo más probable es que haya sido, justamente, el padre Ellauri
quien introdujera el arpa en Tópaga, instrumento exótico que pasó a ser típico en la
música folclórica no sólo de los llanos, sino también del Paraguay, donde los jesuítas
también tuvieron sus renombradas misiones guaraníes, un poco antes de las colombianas:

> *Hermoseó la iglesia con colgaduras ricas, con ciriales e incensario de plata, lámparas y
> candeleros de lo mismo; y lo que admira más es que, a costa de su estipendio y cuidados
> solícitos, llevó maestros de música que enseñasen a cantar, y habiendo comprado órgano
> y chirimías y otros muchos instrumentos músicos de todo género, parecía aquella en sus
> festividades una Catedral, y era nuestro gran Dios servido en aquellos montes con tanta
> reverencia y devoción, que los vecinos de aquel valle, para tener una buena Semana
> Santa, fiestas del Corpus Christi y de la Inmaculada Concepción y otras solemnidades, se
> recogían a nuestro pueblo de Tópaga, y las procesiones de Semana Santa se hacían con
> tanta grandeza, devoción, ternura y penitencia, que parecía el pueblo una ciudad populosa
> de españoles... Para que la procesión del Corpus Christi se celebrase con la solemnidad
> posible, y también las procesiones que hacía todos los primeros domingos del mes en
> honra del Santísimo Sacramento del Altar, levantó y fabricó en las cuatro esquinas de la
> plaza cuatro ermitas o Capillas hermosas, que cubrió de teja...* [10]

Las fiestas del Corpus Christi, que revistieron desde el siglo XVI gran boato y solem-
nidad entre sagrada y profana, seria y grotesca, muy particularmente en España,
fueron recomendadas por el Concilio de Trento en 1551 como manifestación de la fe
católica contra los protestantes, es decir, como parte importante de la Contrarreforma.
Los festejos, de gran importancia para el catolicismo, tenían indudables elementos
teatrales. En ellos debía exponerse la hostia, llevada en procesión por calles y plazas,
con gran espectacularidad; entre sus elementos más importantes estaban la propia

hostia o Santísimo Sacramento, y la Tarasca, que era una serpiente monstruosa, hecha de cartón y papel, bajo la que se ocultaban algunas personas que asustaban a las gentes, particularmente a los niños. Es posible ver en esta serpiente gigantesca, «de vientre ancho, larga cola, pies cortos y boca grande y abierta», la representación del Demonio, aunque también pudo haber simbolizado la derrota del paganismo por la cristiandad. De manera que el espectáculo contaba, como toda buena obra teatral, con su protagonista y su antagonista.

Las fiestas del Corpus Christi llegaron a América con los españoles y aquí se continuaron celebrando con sus elementos más importantes hasta el siglo XIX, como veremos más adelante.

El padre Juan Manuel Pacheco, S. J., es quien refiere específicamente la realización de representaciones de tipo teatral no solamente en Tópaga, sino también en la misión jesuítica de Fontibón. En efecto, respecto a la primera población, declara lo siguiente[11]

> *En marzo de 1642 tuvo lugar la solemne dedicación de la nueva iglesia, con ocasión de la llegada a Tópaga de una bella imagen de María. Eran entonces doctrineros los padres Francisco Ellauri y Alfonso González. .... Al día siguiente, domingo, una procesión con el Santísimo recorrió la plaza, previamente adornada con arcos triunfales, en los que se exhibían las más variadas flores y los más extraños animales del bosque. Siete días duraron las fiestas, en las que alternaban las misas solemnes y los sermones con los «alardes» de los españoles, las comedias y los juegos de pólvora. En una de las representaciones se llevó a las tablas la vida de San Patricio. No faltó una discusión filosófica mantenida por unos niños educados por los padres. La fiesta terminó con la típica corrida de toros, en la que salieron al ruedo lucidas cuadrillas. Fiesta tal no la había visto jamás Tópaga.*

Así pues que entre los primeros practicantes del teatro misionero en Colombia estaría quizás el propio padre Francisco Ellauri, aunque no consta que las obras se hayan debido a su pluma. El padre Francisco Elllauri había nacido en Villa de Leyva hacia 1602, entró en el noviciado en Santafé de Bogotá en 1621, se ordenó en Popayán y fue destinado a la doctrina de Tópaga; fue nombrado rector del colegio de Tunja entre 1655 y 1657 y entre 1660 y 1663; finalmente fue destinado a la misión de Guayana, donde murió en 1665.

Los jesuitas, por lo demás, fueron grandes conocedores del muisca y en esta lengua adoctrinaron a los indios del altiplano, ya que las predicaciones hechas anteriormente en español no habían surtido efecto alguno para su conversión. Varios padres fueron autores de gramáticas y catecismos en ese idioma, así como catedráticos de la lengua en el colegio de San Bartolomé y en la Universidad del Rosario, hasta el siglo XVIII.

En cuanto a la misión que los mismos padres tuvieron desde 1608 en la localidad de Fontibón, población que hoy hace parte del Distrito de Bogotá, un dato interesante del mismo autor[12] nos llevó a descubrir también representaciones de tipo teatral en ese lugar:

La vida apacible de aquella doctrina se veía de vez en cuando interrumpida con solemnes fiestas llenas de colorido. Una de ellas fue la que se celebró con motivo de la colocación del Santísimo Sacramento en la iglesia parroquial. De los pueblos vecinos acudieron numerosos caciques con sus indios. V inieron con sus estandartes, mar chando al son de trompetas y otros instrumentos músicos. Se hallaban presentes el Presidente don Juan de Borja con todos sus oidores, el arcediano de la catedral de Santafé, numerosos eclesiásticos, varios regidores de la ciudad y no pocos párrocos y doctrineros de los pueblos vecinos. La víspera se celebraron con gran pompa los oficios divinos, a los que siguieron danzas de los indígenas y máscaras a caballo. Al día siguiente se cantó una solemne misa, seguida de una procesión con el Santísimo a los altares arreglados en las calles. Salía un ángel que iba derribando diversos vicios: la embriaguez, la idolatría, la deshonestidadA la tarde hubo escaramuza a caballo de los indios muy galanos.

Estas escaramuzas a caballo de los indios de Fontibón nos hacen pensar irremediablemente en las cuadrillas de San Martín, en los llanos, donde los jesuítas también tuvieron importantes misiones, cuadrillas que hasta hoy en día sobreviven y de las que se hablará más adelante.

El padre Pedro de Mercado, S.J., a su vez, narra con mayor detalle teatral las representaciones que en el mismo pueblo se hicieron con ocasión de una procesión en honor de la Virgen Santa Lucía alrededor de 1615. En tres esquinas de la plaza de Fontibón se arreglaron los altares correspondientes para recibir al Santísimo Sacramento, en donde, a la llegada de la procesión con la hostia, niños indígenas representaron sucesivamente en cada posada, disfrazados de ángeles, tres bocetos dramáticos que tenían por tema cómo se habían derrotado en ese pueblo muisca tres costumbres indígenas inveteradas: primeramente la embriaguez, luego la lujuria y finalmente la idolatría; es decir, las obrillas cortas parecen haber sido representadas al estilo del auto sacramental, con personajes alegóricos, en forma que irremediablemente nos lleva a considerarlas como digno antecedente del teatro callejero contemporáneo; estas representaciones ocurrieron, como la anterior, en presencia de las autoridades civiles y eclesiásticas de Santa Fe, distante unas pocas leguas.[13]

A diferencia del padre Juan Manuel Pacheco, no obstante, extraña que el padre Rivero no mencione específicamente el teatro misionero de Tópaga, sobre todo si consideramos que sí se detiene largamente en otras realizaciones de los jesuítas respecto a la conversión de los indígenas. Pero sí se refiere, muy específicamente, como en el caso anterior, a las procesiones. Y hay que añadir aquí, una vez más, que las procesiones no eran en absoluto ajenas a las tradiciones de los propios indios muiscas del altiplano cundiboyacense y que no carecían de elementos definitivamente teatrales. De manera que los jesuítas, como en tantos otros casos en que se quiso lograr la adopción de las nuevas creencias, aprovecharon las tradiciones autóctonas, dentro de las cuales parece estar una verdadera pasión por actividades de tipo musical y teatral, adaptándolas a sus nuevos objetivos religiosos. V eamos, en efecto, lo que narra el cronista Lucas Fernández de Piedrahita a propósito de una de estas procesiones muiscas:

*Piedrahita relata las procesiones que celebraban los chibchas en determinadas épocas
del año, especialmente en las siembras o cosechas, con asistencia de los caciques e innu-
merable multitud que concurría a verlas. La procesión se presentaba en «cuadrillas» o
parcialidades con diferentes trajes y disfraces, arreados de patenas de oro y con diferentes
joyas; muchos de los participantes llevaban los cuerpos pintados con bija y jagua. Unos
iban representando osos, otros en figura de leones, tigres y otras figuraciones de animales
diversos. Los sacerdotes iban con coronas de oro en forma de mitras, seguidos por una
cuadrilla de hombres pintados, sin disfraz ni joya alguna sobre sí, y «éstos llorando y
pidiendo a Bochica y al sol mantuviesen el estado de su rey o cacique y le otorgasen la
súplica o ruego que había dispuesto aquella procesión, para lo cual llevaban puestas
máscaras con lágrimas retratadas tan al vivo, que eran de ver.* [14]

Las procesiones, pues, no parecen ser muy distintas a lo que hoy en día llamaríamos
«comparsas». Quizás esos disfrazados son los antecesores de los actuales matachines,
siempre presentes en los carnavales. Otro texto, proveniente esta vez del sacerdote
agustino Fray Eugenio Ayape de San Agustín, nos habla de este género de procesiones chibchas en el mismo lugar que más tarde ocuparía el convento del Desierto de la
Candelaria, en Boyacá:

*Los primeros ermitaños que vivían en
miserables chozas dedicados al ejercicio de las más rigurosas austeridades
en el valle del Gachaneca causaron las
iras y la envidia del infierno, porque
precisamente en el propio sitio donde
estaban ubicados, tenía el diablo un
adoratorio donde recibía culto de los
chibchas. Allí acudían en fervorosas y
fanáticas peregrinaciones a celebrar
las lunaciones de su calendario con
ritos los más sacrílegos, con bailes obs-
cenos y fiestas impúdicas. Cualquiera
que posea alguna ligera idea de las
teogonías antiguas sabrá el cúmulo de
raras y asquerosas costumbres con que
solemnizaban sus festividades.* [15]

Grupo Teatro La Noche, Bogotá.

Es lamentable que un sacerdote agustino moderno se refiera en términos tan despec-
tivos, que parecen todavía copiados de la expresión intolerante y prejuiciada de los
religiosos menos humanistas del siglo XVI, a las celebraciones religiosas de los muiscas;
y ello en 1935, que es la fecha de publicación de este libro; pero el dato del padre, a
pesar de todo, es importante no sólo porque comprueba una vez más la ancestral

costumbre muisca de las peregrinaciones y procesiones religiosas, que la Iglesia supo asimilar sagazmente en su propio beneficio, sino porque corrobora también el hecho de que el catolicismo ocupó a menudo los mismos espacios, en la construcción de templos, santuarios y conventos, antes venerados también por los indígenas, en tal forma que el cambio de costumbres y creencias resultó aparentemente fácil; pero quizás también el espacio espiritual de nuestros compatriotas, apenas superficialmente reemplazado por las creencias del catolicismo, esté todavía habitado por los antiguos dioses y fantasmas paganos de nuestros ancestros, muy agazapados y encubiertos.

En Bogotá, para citar otro ejemplo, a comienzos del siglo XVII, no muchos años después de que la Compañía de Jesús se instalara definitivamente en la ciudad, se llevó a cabo una procesión y festejos con ocasión de la llegada de varias reliquias de santos; hubo no sólo algunos niños indios de Fontibón que danzaron y cantaron un «sarao» dentro de la propia iglesia Catedral y la representación de un *Coloquio sobre la vida de San Victorino* (cuya reliquia también había llegado a la capital), sino una procesión indígena que el padre Pedro de Mercado, S.J., describe así:

> *Dieciséis eran las tropas de los indios que discurrían por la calle danzando en la procesión, y aunque eran para alegrar el corazón sus danzas, más era para mover los corazones a alabanzas de Dios el ver sus mudanzas espirituales, pues los que antes en su gentilidad adoraban ídolos, ya en su cristianismo festejaban las imágenes y reliquias de santos.* [16]

En Tópaga sobreviven las capillas posas. A ellas se refiere Francisco Gil Tovar en el tomo 3 de la *Historia del Arte Colombiano* en los siguientes términos:

> Las *capillas posas*, así llamadas por estar destinadas a «posar» el Santísimo Sacramento en las procesiones religiosas con frecuencia celebradas, se construyeron a manera de templos en miniatura, en las esquinas de la plaza. ... Es interesante observar que todavía en nuestros días, en las celebraciones religiosas en pequeñas poblaciones, se realizan procesiones alrededor de la plaza principal, las cuales con frecuencia se detienen en sus cuatro esquinas, donde se han construido para la ocasión altares que cumplen la misma función de las antiguas posas, ya desaparecidas o con usos diferentes a los que fueron destinadas originalmente. [17]

Una nueva referencia al hecho de que en los pueblos de misiones sí se hicieron representaciones teatrales en los siglos XVI y XVII, es suministrado por Javier Ocampo López cuando afirma:

> *La* doctrina *se convirtió en el núcleo cristiano de la evangelización en Hispanoamérica; a su alrededor se concentró la población indígena para recibir la evangelización. ...Una de las fiestas más solemnes que celebraron los españoles desde la segunda mitad del siglo XVI fue la de Corpus Christi; era la fiesta religiosa más solemne del año litúrgico y la expresión de la religiosidad del pueblo. ... La procesión del Corpus Christi por tradición en los pueblos de Colombia gira alrededor de los altares de las esquinas, en donde se representan escenas bíblicas con diversas figuras: arreglos con trigales, racimos de uvas, barcas e inclusive seres mitológicos.* [18]

Y a la misma clase de representaciones en las cuatro esquinas de las plazas con ocasión de la Navidad se refiere el mismo autor cuando escribe:

En Santander encontramos la procesión de las Posadas en la Nochebuena con arreglos en las cuatro esquinas de la plaza, en las cuales a determinada hora se inician los bailes populares; simultáneamente llegan San José y la Virgen, pidiendo hospedaje, acompañados de una comparsa de niños vestidos de ángeles, pastores y reyes magos. Las jornadas también se encuentran en Monguí (Boyacá). [19]

Pero quizás el dato más interesante que hemos podido hallar sobre el teatro misionero en Colombia se refiera ya a un autor específico que escribió en lengua indígena; se trata del jesuíta español Alonso de Neira, misionero, por dieciocho años, en el Casanare, cuyo conocimiento del idioma achagua le permitió no sólo predicar en esa lengua, sino escribir algunas piezas teatrales —comedias y autos sacramentales— que fueron representadas por los propios indígenas; también escribió en la lengua sáliva, no sólo piezas de teatro, sino catecismos y gramáticas; en efecto, el padre Juan Manuel Pacheco, S.J., nos dice:

El padre Alonso de Neira, nacido en Matapozuelos (España) [...] fue uno de sus grandes misioneros (de los Llanos y del Orinoco), pero también un cultivador de las letras y de la poesía. De él nos dice el padre Rivero que tradujo en verso castellano, para el que tenía mucha facilidad y elegancia, algunos libros, entre ellos Imitación de Cristo y los Ejercicios de perfección del Padre Alonso Rodríguez. Aplicó también a la lengua achagua la métrica castellana, y compuso en aquella lengua varias comedias de tema religioso y autos sacramentales para ser representados por sus indios. [20]

«La lengua achagua, la más suave de todas las del Meta», según conmovedora expresión del padre Hipólito Jerez[21], pertenece a la familia lingüística arawak. Es de las más extendidas de América del Sur. En efecto, conforme a lo dicho por fray Pedro Fabo en su libro *Idiomas y Etnografía de la Región Oriental de Colombia*, se habla desde Colombia, Venezuela y Brasil, hasta el Paraguay aunque sus hablantes en nuestro país ya no eran más de doscientos en 1985 [22]; se emparenta con el tupí guaraní. Un fragmento de uno de los poemas del padre Neira en lengua achagua, transcrito en su totalidad por fray Pedro Fabo, es el siguiente:

Jainataca Masicatare

Guata miniu guacha

Mata guaibaca girruri

Ribema giarena saicaba

Masicatare guamauca,

¡Neba! caigibe macacha

Cayayi, catabacayi

Carrunatacayi taba...[23]

Fray Pedro Fabo dice haber tenido un manuscrito titulado *Miscelánea variarum compositionum in exerticiis (sic) idiomatis achaguae,* debido probablemente al padre Neira, en el que habríamos podido esperar encontrar sus obras de teatro; efectivamente, el padre Fabo hace el recuento de su contenido, pero, desgraciadamente, no menciona por ninguna parte aunque fuera el título de una de estas piezas teatrales.[24]

El padre Neira nació en 1636; a los veintiún años, cuando los jesuítas permutaron su misión de Tópaga por la de Pauto, en el Casanare, en 1661, fue destinado a esa región y específicamente a la reducción por él hecha en San Salvador del Puerto, piedemonte sobre el río; allí permaneció por muchos años; en 1679 esta reducción era la mayor que tenían los jesuítas en los Llanos, con 1.200 indígenas achaguas. Las obras del padre Neira deben haber sido compuestas alrededor de 1689, ya que el padre Pacheco nos narra para esa fecha que, a los achaguas:

> *No sólo les enseñó a leer, sino que compuso en su lengua varios libros, de los que los mismos indios sacaron varias copias... Las autoridades indígenas no toleraban ociosos en el pueblo. Cierto día en que, ausente el padre, salieron los muchachos que le servían a jugar a la pelota, dieron con ellos los alcaldes y los hicieron azotar después de darles una severa represión, porque, decían, estaban echando a perder al pueblo, dando motivo a que otros también jugasen entre semana. El padre Neira, con su agradable trato, sabía suavizar estos rigores y les permitía sus honestas recreaciones. El mismo hizo gustar a los indios las representaciones teatr or el Padre Ellauri en Tópaga, también se interesó por la música; introdujo el arpa entre los instrumentos que los indios aprendieron a usar. En efecto, «Instituyó cantores de punto, y órgano; llevó todo género de instrumentos, arpas, rabeles, chirimías, bajones, trompetas, clarines, que consiguió tocasen con eminencia dichos indios.* [26]

Después de establecer la misión de San Salvador del Puerto, nuestro dramaturgo misionero marchó en 1693 a una nueva misión jesuítica en el Orinoco, en Vnezuela, donde permaneció por dos o tres años; tuvo pues también la oportunidad de aprender la lengua sáliva, como dijimos, y en ese idioma escribió, además de una gramática, obras de teatro.[27]

> *Compuso muchas comedias de vidas de santos y autos sacramentales que hacía representar a los indios, con que los tenía embelesados, aficionados y cautivos para atraerlos a la enseñanza cristiana.* [28]

Al fracasar ese intento de misión en el Orinoco, a pesar de que el padre alcanzó a establecer allí la reducción de San Francisco Javier, fue llamado en 1702 a una consulta en Santafé sobre la conveniencia de una misión en Etare, también en el Casanare, lugar en el que los achaguas estaban enemistados con otros indígenas y donde eran continuamente hostilizados por los caribes, quienes, en la Guayana, obtenían esclavos indios para vendérselos a los holandeses. Cuando el padre Neira vino a Santafé, lo siguieron indios de esa localidad. El padre manifestó el deseo de acabar sus días entre ellos. Pero «más que el amor a este misionero, movía a los indios el contar con su protección contra los caribes», dice el padre Pacheco, y «pronto el padre Neira se vió abandonado por sus neófitos. En carta a sus superiores, el 17 de noviembre de 1705, les manifestaba su deseo de salir a Santafé para morir con los sacramentos. Pero sus deseos no se cumplieron, pues a poco la muerte le sobrevino en Camoa, el 1 de enero de 1706.»

Quiero citar, igualmente, las representaciones realizadas por indígenas, en fecha tan temprana como 1546, no en su idioma nativo o en castellano, sino, cosa bien curiosa, en latín. Ello ocurrió en la ciudad de Popayán o tal vez en Cali, según nos narra el sacerdote Mario Germán Romero: [29]

> *Creada la diócesis de Popayán el primero de septiembre de 1546, fue elegido para regirla como primer obispo don Juan del V alle... Desde el primer momento le acompañaba el bachiller Luis Sánchez... (quien), al hablar de su prelado, dice: «Puso escuela y estudio, donde se desprendiesen las letras, y se enseñase a los indios así a leer como a escribir y contar, y la gramática y música de voces», por lo cual r ecibió el Obispo reconocimiento mediante Cédula Real. Estableció el señor del V alle estudio de gramática en Cali. «i fue el primer Preceptor de Bach. Luis Sánchez, natural de Atiença en Castilla, el qual* enseñó a los naturales yndios y mestizos en tal manera que representaban muchas comedias en Latin mui elegante. *Fue hecho este estudio cerca de los años 1549.*

Y en nota a pie de página, se refiere el padre Romero aquí a *Documentos inéditos para la Historia de España*, Tomo V, p. 205 y siguientes.

Finalmente, pero mucho más recientemente, ya en la primera mitad del siglo XX, aparece el nombre de otro dramaturgo misionero, también jesuíta, en la persona del padre Hipólito Jerez, nacido en Valdenoceda, en Burgos, España, en 1892, y fallecido en Colombia en 1984. Este sacerdote es autor del libro *Los jesuítas en Casanare*[30], y por lo menos de una obra teatral, entre los numerosos libros que escribió. Esta pieza se titula *Rosas de fuego* y tiene por subtítulo el de *drama misional.* Su estudio de la historia de los jesuítas está rigurosamente documentado y en él incluye algunos datos sobre su predecesor Alonso de Neira (que escribe Neyra), aunque el texto está redactado en forma novelada. Entre sus apuntes hay que destacar los datos que brinda sobre la composición de la biblioteca del padre Neira en San Salvador del Puerto, en la cual menciona la obra *Comedia de la guerra de los pijaos* de Hernando de Ospina y hace decir al padre Neira: «Esa la tengo muy en intención, que la van a representar estos nuevos pijaos (los achaguas) que Dios me ha concedido, lo mismo que esta *Tragoedia de Iephte filiam trucidante* de nuestro padre José de Acosta, de la que ya tengo un bonito arreglo».[31] Al primer autor se refiere José María Vergara y Vergara en su *Historia de la Literatura en la Nueva Granada*[32], pero da la obra por perdida; el segundo autor, José de Acosta, lingüista, es un jesuíta que tomó parte activa en el Concilio Limense del Perú en 1567; la información de que haya sido también dramaturgo es interesante.[33]

De México sobreviven varias obras escritas por jesuítas y han sido editadas por José Quiñones Melgoza [34]. Entre ellos están los padres Pedro Morales, Bernardino de Llanos y Juan Cigorondo.

Con estos datos está pues demostrado que también en Colombia, como en otros países hispanoamericanos, el teatro misionero existió, y existesolamente queda esperar que aparezca el texto de una o varias obras que nos permitan definir la forma específica que este género puede haber asumido entre nosotros, tanto en la colonia como ahora.

Un rasgo típico del teatro misionero en Colombia es que se hacía al aire libre y probablemente en las cuatro esquinas de las plazas de los pueblos, lo cual nos permite pensar que se trata de la antigua preferencia, típicamente americana, como hemos apuntado, por venerar a los dioses en áreas abiertas (montes, cerros, lagunas) más bien que en recintos cerrados como iglesias o capillas, preferencia que los primeros misioneros tuvieron que acatar para que el indio aceptara la nueva religión. En el caso de los jesuítas, en efecto, la adaptabilidad a las costumbres de los pueblos que querían evangelizar era uno de sus rasgos más típicos, no solamente en América, sino en cualquier otro territorio, como ocurrió en la India, por ejemplo. Igualmente, estas representaciones católicas no se realizaron sino en determinadas épocas del año, especialmente con ocasión de las celebración del Corpus Christi, de acuerdo con el calendario eclesiástico, como había sido el caso también entre los propios indígenas. Es muy probable que fueran acompañadas de música, ya que, según manifiesta el padre Jerez, los indios:

Son músicos de su propio genio, y como en varias partes de esta historia consta, son muy aficionados a tocar flautas que ellos mismos se fabrican y otros muchos instrumentos, y está ya experimentado en las misiones ya fundadas, cuánto los atrae y domestica la música, cuánto aprecian y la gala que hacen aquellos cuyos hijos ha destinado el misionero a la escuela de música; y así de las primeras diligencias de la fundación de nuevo pueblo ha de ser conseguir un maestro de solfeo de otro pueblo antiguo, y establecer escuela de música para el fin dicho y para la decencia del culto divino .[35]

Finalmente, en el caso del teatro misionero de los jesuítas, es interesante anotar que sus patrones debieron ser idénticos en todas sus doctrinas de América. En efecto, nos dice Jerez:

En las misiones jesuítas del Paraguay las procesiones asumían idéntico ceremonial a las de Tópaga... Los métodos del Meta y del Orinoco eran un calco de los que se realizaban a orillas del Paraguay. Los operarios de allí y los misioner os de acá pertenecían a unos mismos principios de escuela y habían sido amaestrados por los mismos educadores. [36]

Representaciones mestizas de origen español

Cuadrillas de San Martín (Llanos Orientales, Departamento del Meta)

Dice Gloria Triana que el origen de esta representación se halla en las moriscadas españolas, que narraban las hazañas de los cristianos contra los moros; pero en ésta también participan los indios y los negros, además de moros y cristianos; Jairo Santa anota, sin embargo, que también este género de representaciones existe en el Brasil con el nombre de «cabalhadas»; también sus cargos son hereditarios; se llevan a cabo desde 1735, en honor de San Martín Obispo, patrono de la población; la efigie del santo se halla siempre presente; cada comparsa tiene doce jinetes; los indios y negros van enmascarados de animales mágicos o totémicos y enfrentan la conquista europea. Sería interesante averiguar si esta representación no está emparentada, por algún lado, con las piezas misioneras de jesuítas o dominicos.

Cuadrillas de San Martín en el Meta.

Danzas de diablos

Las danzas de diablos existen en toda América del sur (Bolivia, Perú [Puno], Ecuador Colombia); al llegar a América, los españoles consideraron que los indígenas rendían culto al demonio; los mismos indios llegaron a aceptarlo, pues algunos de sus dioses eran entidades malignas; en consecuencia, las danzas de diablos siempre son religiosas, nunca de carnaval; tienen una rígida estructura jerárquica y siempre están dominadas por un *capitán*; frecuentemente los participantes han recibido ese título por herencia familiar; la vinculación a la danza se hace por un compromiso de por vida llamado *manda* o *promesa*.

• *Danza de Guamal* (Departamento de Magdalena). Esta danza pertenece a la familia Alfaro desde hace más de cien años y participa en la procesión del Corpus Christi. Llega a la puerta de la Iglesia, adonde sólo tienen derecho a entrar las llamadas *cucambas*, símbolos del bien, representados por hombres vestidos como ese pájaro de la región, de pico muy afilado y cuello largo y esbelto; los diablos,mientras tanto, permanecen danzando en el atrio, de espaldas a la Iglesia; se representa el enfrentamiento entre el Santísimo Sacramento y el Demonio y una lucha de contrarios en que el bien está representado por el pájaro cucamba. Se trata, pues, de una auténtica danza dramática.

• *Carnaval del Diablo en Riosucio* (Departamento de Caldas). Con mucha sagacidad apunta Jairo Santa: «En América el diablo se vuelve protagonista: los dioses de los vencidos pasan a ser los demonios de los vencedores.»

Los indígenas, por lo demás, tenían, según parece o al menos en algunos casos, un concepto muy ecléctico de la religión, un poco tal vez como los romanos; es decir , podían aceptar con cierta facilidad a otros dioses diferentes a los suyos tradicionales; para anotar esa idea me sirve la narración que cuenta cómo los indígenas del Perú aceptaron la Virgen de los católicos como diosa benefactora; en efecto, enterraron una imagen de ella en la tierra con la esperanza de que, así como la Pachamama, les concediera buenas cosechas; aunque para los sacerdotes católicos ello fue un escándalo, es la forma en que los indígenas pudieron aceptar venerar los santos cristianos.

El carnaval de Riosucio es en honor al diablo y se destaca por el papel que en él desempeña la literatura, pues hay siempre composiciones en verso que aluden a los acontecimientos más importantes del año. Al final de la fiesta se quema la figura del diablo, «en un sacrificio simbólico», como anota Jairo Santa.

Carnavales

Los más conocidos son en la actualidad el Carnaval de Blancos y Negros en Pasto y el de Barranquilla; pero también en Bogotá existió uno, en el siglo XVIII y comienzos del XIX, al cual se refiere Daniel Ortega Ricaurte en su libro *Cosas de Santafé de Bogotá* en los siguientes términos:

Para nuestros abuelos todo era motivo de regocijo: la procesión de Corpus, por ejemplo, más que un acto piadoso, era una diversión casi carnavalesca. Con iluminación general, fuegos de artificio y pirotecnia, se celebraban las vísperas y a la media noche se iniciaba la construcción de altares en las esquinas y se preparaba en la plaza el «paraíso», con árboles y animales raros traídos de diversas regiones y la personificación de Adán y Eva con una descomunal serpiente enroscada en un manzano. En las primeras horas de la tarde las campanas se echaban a vuelo para anunciar el comien-

*zo de la solemne procesión: y cuánto gozaban los santafereños viendo salir a la plaza
la tarasca (serpiente con boca gigantesca) de enorme caparazón verde, larguísimo
rabo y grandes mandíbulas batientes manejada con ingenio por la inquieta máquina
que dentro la animaba y amenazaba devorarlo todo; se movía de una parte a otra
atropellando a las gentes que no corrían. Detrás seguían la ballena y los mampuchos:
el negro caparazón de aquel enorme animal avanzaba con lentitud, ya que era una
evocación del misterio y por lo tanto de cuando en cuando se tragaba al profeta Jonás.
Los gigantes eran unos grotescos monigotes de madera y pasta, vestidos de abigarra-
dos colorines dentro de los cuales se metían sujetos que los movían balanceándose.
Por último salían los carros alegóricos tirados por hombres que representaban escenas bíblicas, como por ejemplo el Rey David con la cabeza de Goliat en la mano, le
seguían Esther y Mardoqueo, luego José aparecía sobre un caballo ricamente enjae-
zado seguido por muchísimos soldados que llevaban caballos de cartón entre las
piernas. Terminaba el desfile con la parte seria y devota: «El clero avanza lentamente
en medio de la multitud de fieles que llenan la plaza. Las jóvenes más guapas de la
ciudad desfilan por entre dos hileras de sacerdotes; unas llevaban el arca; otras panes
simbólicos; éstas incienso, aquéllas canastas de flores».* [37] *Luego seguían muchos
indios que al son de flautas y tamboriles ejecutaban bailes extravagantes. Cerraba el
cortejo un destacamento de tropas con armas y bandera a la funerala.* [38]

Es estupendo constatar documentalmente que algunas ceremonias indígenas muiscas
pudieron haberse fundido en esta ocasión con las tradiciones cristianas de España; la
construcciones florales en la Plaza Mayor de Santafé, que ya hemos visto con ocasión
del teatro misionero, nos hacen pensar irremediablemente en la ceremonia en honor
de la diosa Xochiquetzalli entre los aztecas, que representaba el paraíso en que eran
acogidos los indígenas muertos en batalla; el autor colombiano habla también de un
desfile de indios que realizaban danzas autóctonas; es lamentable que esta tradición
desapareciera tan completamente en Bogotá, sin que quede ni siquiera la memoria
entre sus actuales pobladores.

• *Blancos y Negros de Pasto.* Existe desde 1807, año en que los negros fueron
indultados de la esclavitud por cédula real. Ellos pidieron entonces un día de recom-
pensa al año. El 5 de enero les fue otorgada la Licencia y desde entonces se celebra.
Pero en él no hay un sacrificio simbólico, como en el de Riosucio, donde la efigie del
diablo es quemada, o en el de Barranquilla, donde se entierra a Joselito Carnaval.

• *Carnaval de Barranquilla* . En Barranquilla los amos permitieron a los negros la
realización de ciertas fiestas; fueron los cabildos negros los que originalmente tuvieron a su cargo la formación de comparsas, las que generalmente se heredan; las hay
de muchos tipos: la del Toro, que había sido un monopolio de ciertas familias, por lo
cual se creó la del T orito, ahora muy famosa; son célebres los Congos, de los que
hemos hablado.

Comparsa, Barranquilla.

Representaciones religiosas

Desde la conquista, una de las formas adoptadas por la Iglesia para hacer comprender la historia y los misterios cristianos fue la del teatro, diferente al específicamente misionero, pues era teatro para representar entre españoles; existió pues un género de teatro sacro que representaba al aire libre algunos de los acontecimientos sagrados como la Pasión de Cristo, los Reyes Magos o el Nacimiento de Jesús, al lado del teatro llamado profano. Esa tradición se conserva aún en muchos lugares del país.

• *Los Reyes Magos del barrio Egipto en Bogotá.*   Los Reyes Magos del barrio Egipto de Bogotá es una de las más conocidas representaciones sacras; en enero se representa la adoración de los Reyes Magos poco después del nacimiento del niño Dios; al final de la celebración se lleva a cabo la quema de una efigie que representa los males que tuvo el año anterior y que se quieren ver desaparecerQuizás, otra vez, recuerdo de los antiguos sacrificios humanos.

• *La Semana Santa de Popayán* . La Semana Santa de Popayán consiste en una serie de procesiones sacras realizada en esa época, que se lleva a cabo todos los años; una serie de cargueros que llevan por las calles de la ciudad los «pasos» que representan el camino hacia la cruz de Jesús; la procesión parece ser idéntica a las que se realizan en la península ibérica, especialmente en Sevilla; muchos de los cargueros tienen su función como herencia y van encapuchados; hoy en día atrae fundamentalmente a los turistas, pero es obvio que está dirigida fundamentalmente a los creyentes católicos.

36

Las representaciones populares
y el teatro callejero

Antes de abordar este aparte sobre representaciones callejeras, parece importante tener en cuenta que, antes de la erección de los primeros locales teatrales en nuestro país (el Coliseo Ramírez de Bogotá sólo fue inaugurado hasta 1792), las representaciones teatrales de tradición peninsular tuvieron que llevarse a cabo siempre en áreas abiertas, sobre tablados públicos colocados en plazas o parques. T al es el caso, por ejemplo, de una obra como la citada por la investigadora Marina Lamus Obregón en su estudio *Excomunión de actores artesanos en Mompox por una comedia en honor de Santa Bárbara en 1673* [39]; en efecto, la historiadora nos narra que la cofradía de San Juan Bautista de dicha ciudad representó el 12 de diciembre de ese año una comedia «decente» en la plaza de los jesuítas, al aire libre, sobre un tablado iluminado, de noche; los actores, al contrario de lo que solemos pensar del teatro colonial como un teatro exclusivo de «élites», eran artesanos, plateros, sastres, zapateros, de raza variada, pardos, zambos, negros; la mayoría de estos actores fueron excomulgados porque se consideraba que la representación de comedias de noche era un peligro para el alma y pretexto de promiscuidad entre hombres y mujeres del público. Otro caso citado por la misma investigadora es el de la pieza *Los encantos de Medea*, representada el 4 y el 8 de diciembre de 1777 en Ocaña, pieza que dio ocasión a la muerte de uno de los actores, un negro esclavo, a manos del hermano de un energúmeno sacerdote.[40]

Aunque sería difícil calificar estas obras de «callejeras»,por no ajustarse probablemente a esta clase de escenificación como hoy la concebimos, el hecho es que estas piezas, de estilo quizá «convencional» para la época, se representaron en áreas abiertas hasta, por lo menos, finales del siglo XVIII y probablemente también en el siglo XIX.

La gran diferencia entre todas estas representaciones populares tradicionales con lo que son hoy los teatros callejeros de Colombia, es que las primeras sólo se realizaban en determinadas ocasiones del año y casi todas ellas estaban aún íntimamente ligadas a los rituales o a la religión, así sea en forma velada; obviamente, las representaciones tradicionales son patrimonio de la colectividad y, por lo tanto, los asistentes a estos espectáculos no tienen que dar una retribución económica; muchos teatros callejeros tienen sus fuentes en estas formas teatrales folclóricas, pero son teatros profesionales, que llevan a cabo sus representaciones en cualquier época y generalmente durante todo el año; los grupos, además, tienen varios montajes callejeros y no exclusivamente una obra, como en el teatro popular Su ambición, sin embargo, es, como en el caso de las representaciones folclóricas, plasmar la idiosincrasia popular, atraer a las masas, representarlas y tener un público masivo; éste generalmente no paga por los espectáculos callejeros, pero los grupos tienen que financiarse de algún modo, de manera que reciben subvenciones o pagos de instituciones gubernamentales o privadas como colegios, universidades o entidades públicas. Los teatros callejeros han conservado también la tradición —que proviene de la España del siglo XVI— de hacer pasar un sombrero entre el público para recoger algunos pocos pesos que, claro está, no alcanzan a financiar la función; es un gesto sobre todo simbólico de apoyo al teatro.

El teatro callejero colombiano actual tiene pues antecedentes que no pueden desconocerse y que podrían trazarse desde hace más de quinientos años; entre los antecedentes republicanos podríamos citar, poco antes de la Independencia, el de las representaciones callejeras que se realizaban en la plaza de la ciudad de Cartago, con base en libretos escritos por el cura Ramón Gamba y otros aficionados al teatro; desgraciadamente, ninguna de esas obras sobrevive.[41] También podríamos citar como ejemplo de esa búsqueda de un teatro popular, fundamentado en las raíces de la historia colombiana, en algunas de las obras escritas en la época de la Independencia por dramaturgos como Luis Vargas Tejada, quien compuso obras sobre la historia muisca con títulos como *Nemequene*, *Sugamuxi* o *Aquimín* representadas en el patio del Colegio de San Bartolomé; de ellas sólo sobrevive *Sugamuxi*, pieza muy retórica que no sería comprensible sino para quienes, en esa época, estaban bien enterados del neo-clasicismo francés en boga entre las clases dirigentes; o la obra *Guatimoc* de José Fernández Madrid, sobre los indígenas mexicanos, que adolece de las mismas complicaciones; difícilmente podría pues llamárselas populares o realmente callejeras, pero son un intento que hay que tener en cuenta en nuestra historia del teatro.

En el siglo XIX es el movimiento *costumbrista* el que trata de volver a retomar esas fuentes populares, pero, desafortunadamente, esas obras sólo parecen haber sido representadas, cuando lo fueron, en recintos cerrados dedicados solamente a la élite de «intelectuales» interesados en el teatro y nunca llegaron a ser verdaderamente populares. Se representaron casi siempre entre amigos. A pesar de todo, todavía pervivían en ese siglo las representaciones al aire libre poco tenidas en cuenta por los historiadores, como las que se realizaban con ocasión de fiestas populares en Bogotá, (la citada de Daniel Ortega Ricaurte más atrás es un ejemplo), así que la tradición «callejera» proseguía en ese siglo, aunque parece haberse interrumpido definitivamente a comienzos del siglo XX con el advenimiento del teatro centenarista y el definitivo establecimiento de los locales bogotanos del Teatro Colón y el Municipal; es claro que la situación de la provincia pudo haber sido diferente y que en ella las antiguas tradiciones tuvieron más oportunidades de sobrevivir

De esta manera se considera que solamente a partir de la década de los setenta se dieron nuevos y decisivos pasos con los grupos que al salir a la calle a representar sin una conciencia clara, estaban retomando una tradición remota, en cierta forma olvidada.

En efecto, muchos investigadores trazan los orígenes del teatro callejero apenas desde la década de los sesenta del siglo XX, por influencia de un movimiento generado entonces en los Estados Unidos. Nel Diago, del grupo Xarxa Teatre de España, nos dice:

Todo comenzaría en los Estados Unidos allá por los años sesenta con grupos como el San Francisco Mime Troupe, Bread and Puppet o el T eatro Campesino. Se trataba de un movimiento contestatario, radical, que no sólo se oponía al sistema político dominante, sino, también, al sistema teatral tradicional. Había que sacar el teatro de los recintos quasi sagrados (las salas) y llevarlo a la calle para devolverlo a su destinatario real: el pueblo. ... El modelo norteamericano bien pronto sería imitado (en su actitud, más que en su estética) por colectivos de Europa y América Latina.Sólo que, con el tiempo, el carácter combativo, crítico, fuertemente ideologizado, fue diluyéndose hasta casi desapar ecer.[42]

Pero aún antes de estos acontecimientos en Norteamérica y Europa, importantes sin duda en la historia teatral mundial reciente, en Colombia y en América Latina existían, como hemos visto largamente, actividades que podríamos denominar «callejeras» o, como se dice, parateatrales; en nuestros países, por desgracia, todavía existe el criterio de que todos nuestros desarrollos culturales han sido importados, cuando no siempre ha sido así; nuestra tradición callejera autóctona es mucho más antigua que las recientes importaciones de Norteamérica o Europa, ya no sólo en cuanto a procesiones, desfiles, fiestas, regocijos y carnavales se refiere, sino en cuanto a auténticas representaciones dramáticas.

En la década de los cincuenta del siglo XX, los pioneros callejeros contemporáneos fueron, en Cali, Octavio Marulanda, folclorista, con la representación de *Las convulsiones* de Luis Vargas Tejada, al aire libre, ante aproximadamente unos cinco mil espectadores, en el teatro del Bosque Popular de Cali, hacia 1953; luego Enrique Buenaventura dio un paso más al representar , en 1959, el *Edipo Rey* de Sófocles, en la Plaza de Bolívar de Bogotá, con ocasión del III Festival Nal. de T eatro, en una función que no tenía antecedentes en la capital.

En la década de los sesenta, el actual director del T eatro Libre de Bogotá, Germán Moure, hizo parte del conjunto Bread and Puppet Theatre en Nueva Y ork y de allí trajo la inquietud callejera, aunque no la plasmara en ningún grupo concreto de calle.

Le siguió, ya en la década de los setenta, la experiencia de Rosario Montaña con el grupo de la Asociación Distrital de Educadores, ADE, en Bogotá, con la pieza de Fernando González Cajiao basada en el folclor, *La auténtica y edificante fábula del conejo y los animales poder osos*, representada en calles y plazas en 1971. La obra narra el viaje del conejo al cielo, para reclamarle al Señor haberlo hecho tan pequeño e indefenso frente a otros animales como el tigre, el cocodrilo o la culebra. Esta pieza se representó, entre otros lugares, en la plaza principal del barrio 20 de julio y en la localidad de Suba, donde el grupo Acto Latino tenía por ese entonces su sede; la obra fue prohibida por el cura párroco de la localidad, y el Acto Latino, que había invitado al grupo, fue expulsado de su sede. Así nació el teatro callejero del grupo Acto Latino; también este grupo se dedicó entonces, por lo menos durante cinco años, a representaciones callejeras.

Luego debemos hablar de la experiencia callejera de Manuel Zapata Olivella, en 1975, con una pieza representada por negros de las costas atlántica y pacífica reunidos en la localidad de Lorica, en el departamento de Córdoba; la obra se llamó *Rambao*, fue dirigida por Fernando González Cajiao y siempre se representó al aire libre, entre otros lugares también en la Plaza de Bolívar de Bogotá y en estadios de béisbol de la costa caribe; nunca hubo libreto escrito, ya que, en general, los actores eran analfabetas; la experiencia fue repetida en la zona andina del país con la pieza *Bolívar descalzo*, dirigida por el hondureño Rafael Murillo.

Hay que mencionar, igualmente, al argentino Tomás Latino, establecido en la ciudad de Ibagué, departamento del Tolima, en 1978, y quien fundó su pequeño grupo de pantomimos llamado Teatro de la Calle; Tomás Latino se formó como actor callejero en el Perú y recorrió varios países de América Latina asimilando experiencias callejeras hasta establecerse finalmente en Colombia.

Unos años antes había regresado a Colombia el Teatro Taller de Colombia, grupo callejero que se había gestado en Centroamérica con la dirección de Mario Matallana y Jorge Vargas; podemos decir que, desde entonces, se estableció el teatro callejero en Colombia como una modalidad teatral independiente y profesional, involucrando técnicas entonces perfectamente novedosas.

Luego siguieron otros grupos que se dedicaron a la misma modalidad, especialmente el Tecal, con una actividad teatral de muchos años, el llamado Circo Invisible y Ensamblaje, dirigidos estos últimos por Juan Carlos Moyano y Misael Torres, quienes actualmente siguen dedicándose a esta modalidad con algunos espectáculos notables y muy originales. Es digno de recordar, por ejemplo, el estupendo espectáculo de Ensamblaje *Memoria y olvido de Úrsula Iguarán*, basado en textos de García Márquez. Hoy en día son numerosos los grupos callejeros de Colombia en Cali, Medellín, Barranquilla, Armenia, Pasto y otras ciudades y pueblos del país. De ellos hablaremos en capítulo aparte.

Bibliografía

[1] Javier Ocampo López, *Las fiestas y el folclor en Colombia*, el Ancora, Bogotá, 1990.

[2] Hay una nota al final de la obra que dice: «Esta extraña historia *de Iztac y sus cuatrocientos hijos*, también conocida bajo el título de *Canto de Huitzilopochtli*, pertenece al ciclo tenochca. Su texto, tomado de los códices Durán y Ramírez, fue vertido a nuestro idioma por el indigenista mexicano Angel Garibay y aparece publicado en su estudio sobre la épica Náhuatl. La versión que se transcribe, en adaptación de Mario B. de Quirós, es un fragmento de la antiquísima pieza teatral y aparece publicada en el folleto *Primeros cantos de América* Gráficas Mora y Escofet, Barranquilla, 1955, ps. 21 y 22.»

[3] Lucas Fernández de Piedrahita, *Noticia histrorial de las conquistas del Nuevo Reino de Granada*, Ediciones de la Revista Jiménez de Quesada, Editorial Kelly Bogotá, 1973, Tomo I, capítulo V, p. 219.

[4] Fernando González Cajiao,*Historia del teatro en Colombia*, Tercer Mundo/Colcultura, Bogotá, 1986..

[5] Javier Ocampo López, op.cit. p. 43.

[6] Enisberto Jaraba Pardo, «El grupo Teatro 502 y su trabajo con los indios ticuna», revista*Conjunto*, número antológico, octubre de 1993, La Habana, p.116.

[7] Santiago Londoño, «El templo doctrinero de Tópaga»,*Boletín Cultural y Bibliográfico*,Nº27, volúmen XXVIII, 1991, p. 117.

[8] Carlos Arbeláez y Santiago Sebastián, «Las artes en Colombia»,*Historia Extensa de Colombia*, Viol. XX, tomo 4, Editorial Lerner, Bogotá, 1967, pp.236-237.

[9] Cita Carlos Arbeláez como fuente de esta información al Padre Juan Manuel Pacheco, S.J.,*Los jesuítas en Colombia*, Vol. I, 1959, Bogotá, pp. 329-330.

[10] Juan Rivero, *Historia de las misiones de los llanos del Casanare y los ríos Orinoco y Meta*, Iprenta de Silvestre, Bogotá, 1883, p.95. Esta nota, incidentalmente, está casi literalmente tomada de la biografía del padre hecha por Juan Flórez de Ocáriz, *Libro Segundo de las Genealogías del Nuevo Reino de Granada*, Instituto Caro y Cuervo, Bogotá, 1990, p.327.

[11] Juan Manuel Pacheco, S.J., Los jesuítas en Colombia, Tomo I (1567-1654), Editorial San Juan Eudes, Bogotá D.E., Bogotá, 1959, p. 329-330.

[12] Idem, p. 313.

[13] Padre Pedro de Mercado, S.J., Historia de la Provincia del Nuevo Reino y Quito de la Comañía de Jesús, Tomo I, Editorial ABC, Bogotá, 1957, p. 109.

[14] Javier Ocampo López, op. cit., p. 247. Toma la cita de Lucas Fernández de Piedrahita, Historia de la conquista de Nueva Granada, Bogotá, 1881, ps. 17-18.

[15] Fray Eugenio Ayape, Historia del Desierto de la Candelaria, Escuela Tipográfica Salesiana, Bogotá, 1935, p.66.

[16] Padre Pedro de Mercado, S.J., op.cit., p.79.

[17] Francisco Gil Tovar, «Un arte para la propagación de la fé» en*Historia del Arte Colombiano*, Salvat Editores, Bogotá, 1975, Tomo 3, p. 721.

[18] Javier Ocampo López, op.cit., p. 43.

[19] Idem, p. 65.

[20] Juan Manuel Pacheco, S.J.,*Los jesuítas en Colombia*, Tomo II (1654-1696), Hijos de Santiago Rodríguez, Bogotá, 1961, p.325 y 326.

[21] Hipólito Jerez, *Los jesuítas en Casanare*, Prensas del Ministerio de Educación Nacional, Bogotá, 1952, p. 122.

[22] Existe una cartilla de prelectura para este idioma en la Biblioteca de la Universidad Javeriana, editada por Eunice R. de Wilson, en 1985:*Wéewidau Waliáca, Cartilla de prelectura en achagua*, 1985.

[23] Fray Pedro Fabo del Corazón de María,*Idiomas y Etnografía de la Región Oriental de Colombia*, José Benet, Impresor, Barcelona, 1911 (Biblioteca de la Universidad Javeriana, Bogotá), p.15.

24 Fray Pedro Fabo, op.cit., p. 114.

25 Pacheco, idem,, Tomo II, p. 396. Cita al padre Rivero,*Historia de las misiones* lib. 3, cap.12, p. 257.

26 José del Rey Fajardo, S.J., *Documentos jesuíticos relativos a la historia de la Compañía de Jesús en Venezuela*, Biblioteca de la Academia Nacional de la Historia, N°79, Caracas, 1966, p.198.

27 Juan Manuel Pacheco, op.cit., Tomo III, p. 487, nota 10 de pie de página.

28 Idem.

29 Mario Germán Romero, *Fray Juan de los Barrios y la Evangelización del Nuevo Reino de Granada* Biblioteca de Historia Eclesiástica, Volúmen IV de la Academia Colombiana de Historia, p. 442.

30 Hipólito Jerez, op.cit.

31 Hipólito Jerez, op.cit., capítulo IX, *La botica del padre Neyra y toros en Tunxa*, p. 173.

32 Fernando González Cajiao,*Historia del teatro en Colombia*, Editorial Tercer Mundo, Instituto Colombiano de Cultura, 1986, p. 45.

33 Juan José Amate Blanco, «La filología indigenista en los misioneros del siglo XVI», en *Boletín Thesaurus* del Instituto Caro y Cuervo, Tomo XLVII, septiembre-diciembre de 1992, N°3, p. 525.

34 José Quiñones Melgoza, *Teatro Mexicano, historia y dramaturgia, Teatro escolar jesuíta del siglo XVI*, Consejo Nacional para la Cultura y las Artes, 1992.

35 Hipólito Jerez, op. cit., p. 123.

36 Hipólito Jerez, op.cit., p.. 212 y sgtes.

37 Guillermo Hernández de Alba,*Estampas santafereñas*, Charles Stuart Cochrane y G. Mollien.

38 Daniel Ortega Ricaurte, *Cosas de Santafé de Bogotá* Academia de Historia de Bogotá/Tercer Mundo Editores, Bogotá, 1990, pgs. 9 y 10.

39 Marina Lamus Obregón, «Excomunión de actores artesanos en Mompox», revista Credencial Historia, edición 78, junio de 1996, p. 4.

40 Ibid, «Alborotos y muerte de un teatrero en Ocaña en 1775», revista *Credencial Historia* N°79, julio de 1996, p. 7.

41 Fernando González Cajiao, op.cit.

42 Nel Diago, «Xarxa Teatre: el fuego como lenguaje» en revista*Conjunto*, N°101, julio-diciembre de 1995, p.40.

Capítulo 2

Fistas, rituales y carnavales

Fundación
Cultural
Tea Tropical

Comparsas y teatro callejero en los carnavales

Manuel Zapata Olivella

Para resaltar la rica tradición folclórica colombiana de donde podrían extraerse las formas artísticas de un teatro nacional, destacaremos en esta ocasión los carnavales, fuente de la comedia y el drama universales.

Los carnavales de Colombia, al igual que en todas partes, cumplen una necesidad de expresión colectiva. Las ataduras que impone la vida social a los instintos y deseos, que llegan a veces a convertirse en verdaderas frustraciones, encuentran en ellos un pretexto de realizaciones. Para el hombre, las mascaradas no son una simple batahola de alegría e incoherencia, sino que conllevan expresiones puras del arte teatral, en la que saben apelmazar la comedia, el drama, la tragedia, la sátira, la danza, la copla y la música. Si bien es cierto que para muchos los festejos comienzan con el disfraz impro-visado —un antifaz o un manchón de harina en la cara—, para una parte muy sustantiva del pueblo las fiestas requieren un proceso de elaboración muy largo, en el cual se estudia y practica la coreografía, el baile, las interpretaciones, el vestuario, la intención y tantos otros matices de comparsas y disfraces individuales.

Hay familias que por tradición se encargan de que una comparsa no desaparezca ni pierda méritos con los años. Una de las más famosas tradiciones del carnaval de Barranquilla es la «Danza del Torito», fundada a mediados del siglo pasado; y como ella hay otras, que, si bien no han tenido la misma continuidad familiar, al menos conservan sus nombres, su coreografía y sus personajes. Tal es el caso de «Congo Grande», «El Burrito», «La Danza de los Negritos», «La Danza del Paloteo», y otras muchas más.

Estas comparsas tienen sus respectivos jefes o capitanes, extraordinarios directores de escena, sobre quienes recae la escogencia de actores que representan a éste o aquél personaje. Cada intérprete debe tener un mínimo de facultades múltiples que le permita acomodarse a su papel. En la «Danza de los Gallinazos», por ejemplo, quien caracterice «el perro», ha de tener un gran sentido de la mímica, para representar actitudes comunes de este animal, como rascarse el rabo, utilizar las orejas, qué acento dar a los ladridos según que ataque, aúlle de hambre o se acobarde. Puede decirse lo mismo del «burro», del «cazador», del «rey de los gallinazos», del «pichón» y otras tantas representaciones de la comparsa. Si el improvisador personifica su papel con gran autenticidad, se le encomendará su representación por años y años.

El genio del pueblo se pone de presente en su gran capacidad de improvisación, de acuerdo a las circunstancias. Así como se requiere muchos meses de ensayo para dominar la coreografía de una danza, también se dispone de la libertad interpretativa de cada pesonaje. Esto quiere decir que por ningún motivo el actor ha de ceñirse estrictamente a un diálogo o monólogo, sino que, guardando las características propias del personaje interpretado, puede, según el público ocasional que observe, introducir parlamentos, cambiar actitudes, en una palabra, crear la escena para darle mayor realce a la presentación individual o colectiva. Para salir airoso de esta prueba se requiere que los otros participantes tengan igualmente mucho ingenio, sin lo cual los personajes quedarían en ridículo, enfrascados en un argumento sin aparente sentido.

Deseamos dar un ejemplo de este difícil arte creativo. Muy comunes son las comparsas compuestas por el marido, la mujer embarazada que da a luz en la mitad de la calle, y la suegra. En resumen, el argumento consiste en que la parturienta no tiene cómo atender el trance del parto o, una vez nacido el niño, cómo alimentarlo, ya que el marido es un haragán. La suegra es, desde luego, el fiscal acusador de la conducta malsana del yerno. Así las cosas, entran en una casa y , si los dueños son marido y mujer, rápidamente los actores disponen su agumento de acuerdo con la expresión, la edad y el talante de los visitados. Si el dueño de la casa es joven, la embarazada le hará reproches por haberle engendrado un hijo y abandonado luego. Lloriquea el varón que hace de mujer, reclamando su antiguo amor y la responsabilidad de ayudarla en aquel momento. Acto seguido, se acuesta en una estera y, espectacularmente, en medio de gritos y revoltijos, nace la criatura. El sainete, en tal forma, se adapta a todas las circunstancias, a todos los públicos, derivando siempre en una escena cómica, dramática y productiva, pues el desenlace feliz ha de consistir en que alguien pague económicamente la paternidad del hijo.

No siempre el carnaval es un escape de alegría. Para muchos temperamentos satíricos, la máscara es un instrumento de crítica social. Aparte de los disfraces individuales con los que se ridiculiza a los personajes de la política nacional o lugareña, hay una intención más aguda de denotar ciertos hechos sociales que han dado mucho que decir entre el pueblo. En más de una ocasión, una trama finamente urdida para criticar la conducta de algún político o señorón, ha terminado con muertes o batallas campales entre actores y familiares lesionados. En este sentido la farsa callejera adquiere el verdadero género de la comedia griega, asumiendo los caracteres de una acusación formal a las costumbres y desmanes de ciertos funcionarios.

Lo dramático se pone de presente en las comparsas funerales, en las que se explota el sepelio de un difunto. Llantos estentóreos, trajes negros, velas y hasta el imprescindible sacerdote, encabezan las oraciones, que son la parte insidiosa de la farsa. Las letanías, compuestas por inspirados trovadores, van denunciando las causas ominosas de orden social por las cuales el difunto ha entregado su vida. La mala administración de un alcalde, el alto costo de los víveres, las ínfimas condiciones higiénicas, la escasez de agua en el pueblo por falta de un acueades oficiales culturales   —televisión, universidades, oficinas de divulgación cultural, corporaciones de teatro, etc.— unida en un solo esfuerzo responsable y entusiasta, podría encauzar un verdadero movimiento teatral enraizado en el pueblo, nutrido de sus más ricas expresiones dramáticas, capaz de señalar un firme derrotero al teatro americano y universal.

Teatro y carnaval

Jaime Díaz Quintero
(Tomado de la revista *Melusina*)

El teatro, la danza y la música, tienen un mismo origen y los encontramos en el mito, en el rito o en lo religioso; pero, a pesar de que los liga lo religioso, podemos apreciar que en muchos casos se presentan en el arte.

No es procedente el argumento: «No es arte, porque no puede valorarse independientemente; se queda en lo mágico.» Si así fuese, la música negra jamás sería arte, como tampoco la danza, la poesía y el teatro de los negros. Según este argumento, tampoco sería arte un *tedeum* o la música gregoriana o la ópera *Parsifal* de Wagner.

Es muy conocida la opinión de que el drama griego salió de los cultos a Dionisos, resultando de la parte seria de la tragedia, y de las carnavaladas con sus mascaradas en carretas y vino corrido, la comedia.

La tragedia surgió de los cantos que en esos cultos tenían lugar con motivo del sacrificio de un macho cabrío, como ofrenda a la divinidad. Pero el rito africano Abakuá, o ñáñigo entre los cubanos, es muy complejo y teatral

No cabe duda de que en África de antaño se apelaba al sacrificio de un ser humano. Incluso en Cuba se conservó la tradición. Para ello se utilizaba un esclavo congo, es decir, una víctima exógena. Después, fue un Buco o Cambro (Mbaí) ante la muerte (Mkpá). Ambas voces se derivan de las raíces bantúes «bori», que significa animal cabro y «ma-kpá», morir.

¿Y qué decir de los frigios de Alti-Cibeles y otros misterios del antiguo mediterráneo?

Y hablando de culto canibalesco, algunos investigadores, basándose en el texto de Platón y Plinio, han sostenido que en Arcadia existió un culto semejante a Zeus, con su respectiva sociedad secreta, la Zeus-Licaios, parecida a los Hombres-Leopardos de África.

En todo caso, es fácil notar que la función de las máscaras y del danzante-actor , así como la de la coreografía corporal y coral, elementos teatrales, es definitiva. Con su voz, sus modales, sus vestidos y sus actos, el oficiante enmascarado ha de convencer que es un ser de otro mundo, que sobrecoge por su misterio, y que es la portentosa realización de lo irreal.

La máscara interviene en las ocasiones sociales más trascendentales; en las de muerte, en las de cultos de antepasados, en las celebraciones totémicas, en las de los ritos de fertilidad, en sanciones de justicia, en el exorcismo, en la guerra, en la caza.

Pero la máscara no es mera diversión. En medio de toda una atmósfera de temor místico que envuelve a los espectadores del ritual, está el protagonista que se siente en euforia. Es su función, como la del buen actor cuando se pone su máscara o su maquillaje y se «identifica» con su personaje.

Podemos admitir que siempre hubo personas dedicadas y especializadas en estos menesteres. Cualquiera no puede lograr transmitir el poder misterioso de la máscara. Sólo el «especialista» es capaz de transmutarse en el poderoso espíritu e imitar su apariencia externa, sus sonidos y movimientos. Cazando tal vez se los comía el tigre, pero representando la caza son maravillosos. En cambio, un buen cazador no sabía representarla ni despertar ni contagiar emociones, objeto del arte desde un principio y que lo diferenció de la mera finalidad utilitaria.

Así comenzó, por ejemplo, el teatro vivo en África, en una vida social muy profunda, concentrada y cooperativa, y, a menudo, gregaria. No hay persona, anota Tracy, más popular en África que un buen narrador de historias populares (el Akpaló Yoruba o el Griot de los países del río Senegal y África Central), con su típico dialoguismo, sus cuentos y sus leyendas, que no son para ser leídos sino para ser representados. Es literatura sin letra, pura pantomima, diálogo y canto onomatopéyico; fábulas de animales, comedias de costumbres, baile de muñecos.

En el proceso de aculturación y sincretismo, aquello se profanizó y se alborotó en las fiestas de carnaval y en la santería de fuerte sabor lucumí o yoruba, mandinga o bantú o afrocubano; ahí están los ritos congos del Brasil, la kulunga y los diablitos ñáñigos de Cuba; en Bolivia los diablitos de la Paz, Oruro, Cochabamba y Potosí; el Chiguian del Perú y los diablitos danzantes de Venezuela; en Panamá los diablos de las minas y Villa de los Santos y en Colombia los congos de los carnavales de Cartagena y Barranquilla.

El fenómeno del carnaval

El fenómeno del carnaval es universal. Su esencia es el rito y la presencia es el actor, la mascarada y el tambor, y todos los elementos que contiene el teatro.

El carnaval es un escenario gigante y común y todos los que en él participan se preparan como lo haría un actor, y las comparsas y los congos se comportan como un grupo teatral que sale al escenario.

Para guiar una dramaturgia identificable es conveniente fijarse en estos detalles, en los que, en el carnaval costeño, se sintetiza toda la tradición, incluso «la tradición de todas las generaciones de muertos que aparecen como una pesadilla sobre la mente de las vivas», como diría Marx. ¿T radición? Categoría socio-sicológica que refleja relaciones sociales estables, fijadas en los actos y conductas del homus-caribe. Por eso nos interesan todas las comedias del carnaval, pantomimas, letanías, congos, danza de garabato, muñecos y diablitos, porque por ahí aflora toda la capacidad histriónica, toda la verdadera géstica y expresión vocal de nuestro pueblo.

Grupo *Pa' lo que sea* (Pereira)

El fenómeno del carnaval es universal. Todos los pueblos han tenido o tienen su carnaval, fiesta ruidosa y orgiástica de alma popular, que ha resistido la acción del tiempo, gracias a la unidad indisoluble que le proporciona la conjunción de la fe, la superstición, la magia y la religión. En todos los pueblos primitivos los fenómenos de las estaciones sucesivas del año han dado origen a ritos diversos, y en algunos casos, ritos homicidas, ya sean reales o simbólicos, de reyes, sacerdotes o dioses de los cuales, se supone, dependen los fenómenos naturales. Su sentido a veces es muy claro: se mata y se entierra el espíritu de la vegetación muerta en invierno. En ocasiones se celebran «antídotos» por resurrección de la vegetación, de la naturaleza, despertando de su muerte invernal, y se aboga a través de fuerzas mágicas el arribo de la abundancia: por eso los carnavales coinciden con esas épocas de abundancia, tanto en Europa, en África, como en América. En la misma Europa encontramos esos rituales intactos o fiestas carnavalescas con supervivencias: el entierro de la sardina, la muerte del carnaval (Joselito entre nosotros), el domingo de vieja, el colgante de Judas, son costumbres europeas que se derivan de rituales milenarios, incluyendo el de la Cuaresma. En el Tirol se celebra en mayo «La expulsión de los brujos» con danzas y algarabía de carnaval. Desde la isla Shetland al norte de Europa, hasta Italia al sur, desde Baviera y Bohemia, pasando por el lago de Lucerna en Suiza y de ahí al sur de Francia, entre la Navidad y Epifanía, se celebran los días más folclóricos del año en todo el mundo. En el caso particular de España, que tanto nos interesa, los que arañan los orígenes de su teatro han ido hasta a algunos dibujos paleolíticos de Cabezas de A ves, en las cavernas de Altamira, y que les parecen probables máscaras. Lo mismo que hasta las muchas fiestas de máscaras y procesiones de danzarines que se dan en la península.

Los cabildos negros de Cartagena

En Cartagena, la influencia de la cultura africana en forma global y de las supervivencias, de manera particular, se dejó sentir desde bien temprano. Parece que Pedro de Heredia, al momento del descubrimiento, llevaba consigo negros esclavos. Ya a mediados del siglo XVI la población negra de Cartagena era numerosa. Tanto así que el Cabildo de la ciudad dictó una ordenanza para que los negros no andaran de noche, después del toque de queda, so pena de cincuenta azotes y un peso de multa al dueño. En el siglo XVII, al comenzar la explotación, los indígenas disminuyeron notablemente, a pesar de la legislación protectora tardía. Empezó la introducción de los esclavos negros en gran escala. Contra ellos se regulan penas que irán desde azotes a desorejada y pena de muerte, y se prohiben las relaciones con el indio. Los nombres negros más repetidos son de origen congo, mandinga y carabalí, encontrándose ñago, chamba, arará, lucumí y otros. Tipos pertenecientes a las más desarrolladas culturas africanas, y que hacen parte de los pueblos que crearon la cultura de Dahomey , el Níger, el Senegal y el Sudán. En Cartagena, a mediados del siglo XVIII, la población negra entre esclavos y libres llegaba casi a equilibrar la de otros sectores.

Al crecer la presencia del africano en Cartagena, surgió la necesidad de agruparse, aún en el negro mismo. Para los esclavistas fue más práctico y ventajoso el tenerlos agrupados, pues mantenerlos separados implicaba menor rendimiento y dificultaba la vigilancia. Por otra parte, la rebeldía negra provocó el reconocimiento de esas agrupaciones que adoptaron el nombre de Cabildos. En el Palenque de San Basilio, formado a comienzos de 1600 en la Gobernación de Cartagena, tenían su cabildo, lo que configuraba la imagen de una «república independiente».

Los cabildos agrupaban africanos de una misma nación o procedencia territorial africana y prestaban socorro, ayuda mutua y protección. Fueron los medios para conservar algunas de las tradiciones culturales africanas, muchos de cuyos elementos pasarían a integrar la cultura de hoy. Los cabildos contribuyeron también a la incorporación del negro criollo y a su presencia en el nuevo medio social que se presentaba en Cartagena desde el siglo XVIII.

Estos cabildos tenían oportunidades para hacer sus carnavales. Cuando la recepción del Virrey Don Jorge Villalonga en 1721, hubo tres noches de comedia y carnaval. También con motivo de la llegada del Virrey Sebastián de Eslava en junio de 1740. En la jura y proclamación de Fernando VI en enero de 1747, el cabildo dispuso que del 19 al 24 se llevaran a cabo las festividades públicas en su honor.

Pero esas manifestaciones de alegría, con sus costumbres y vestidos de su patria, con sus reyes y sus reinas y bailando al son del mar y del sol y de sus tambores, cascabeles, panderetas, platillos y cencerros, no dejó de inquietar a muchos. Así, los señores arzobispos de Cartagena, Gregorio de Molleda y Clerque y Manuel de Sosa Betancur alarmados por aquellos espectáculos, ajenos a ellos, se escandalizaron y resolvieron prohibirlos, inclusive, para no verse envueltos en líos con la Inquisición. Prohibiciones iban y venían, pero continuaban «los excesos», así que el rey decidió intervenir y por Cédula del 21 de octubre de 1770 encargó al Gobernador «recoger cualquier edicto que hubiese publicado para prohibir los referidos bailes.»

Luego a los negros se les permitió participar en los carnavales que se celebraban en febrero en honor de la Virgen de la Candelaria, fiestas que conservan ligeras supervivencias. El domingo, último día del carnaval, congos, carabalíes, mandingas, etc., salían con sus mascarones, estandartes representativos de sus orichas y sus pantomimas. Durante el evento todas las leyes se suspendían y se llegaba a un clima libertino y orgiástico, como fue y sigue siéndolo en todos los carnavales que se celebran en el mundo. Así como el negro cubano veía la oportunidad de recordar a Yemayá a través de la Virgen de Regla, de Santa Bárbara o de la Caridad del Cobre, el negro del Caribe colombiano, por medio de la Virgen de la Candelaria, hacía lo propio. El Oggun nuestro puede ser perfectamente el Busiraco que se adoraba en el Salto del Cabrón en la Popa. Los indios también tomaban parte en la fiesta, bailando al son de sus gaitas. La gaita, a diferencia del currulao de los negros, es un baile cadencioso y en silencio, sin brincos ni bullicio. Y lo que trató de impedir la legislación, las relaciones entre negros e indios, lo consiguió el carnaval y la comedia, a lo cual contribuyó la discriminación existente para estos dos estamentos socio-raciales. Mientras los blancos de Castilla y los criollos de mostrador bailaban minués, contradanza española y vals, el currulao o mapalé fraternizaba con velas de cebo, de donde surgió nuestra cumbia.

La tradición del carnaval continuó en Cartagena con la conmemoración de la Independencia absoluta el 11 de noviembre de 1811. Ya en el calor mismo del patriotismo se oyó un bando que casi ordenaba la demostración de júbilo y alegría por tres días consecutivos. Comentaba la *Gaceta de Cartagena de Indias* el año 1812: « Hoy se celebró con extraordinario regocijo el aniversario de la Independencia. El vecindario se entregó a todo género de regocijos. Máscaras, música, vivas y repetidas salas...» Las fiestas se siguieron celebrando con interrupciones, debido al sitio de Morillo con todas sus horrendas consecuencias y a las posteriores guerras civiles y mundiales. Pero, en general, desde principios de este siglo, se reactivaron y estabilizaron las fiestas novembrinas, siendo riquísimas en congos, disfraces, danzas zoomorfas, música, fandangos por las calles y plazuelas, y el buscapiés, cuya pólvora excita los sentidos de nuestro pueblo como los rituales africanos. Pero, desde que el reinado nacional de belleza pasó a depender de las transnacionales firmas de belleza, de la televisión, de los grandes clubes y centros de convenciones, nuestras fiestas populares de la Plaza de los Coches, evocadas con amor en los *Tiempos del cólera* de García Márquez, cuando Florentino Ariza recuerda «Una parejita desamparada cuyo nombre no conoció y con la que apenas alcanzó a vivir media noche frenética, pero que había bastado para amargarle por el resto de la vida los desórdenes inocentes del carnaval», recibieron su partida de defunción.

Ánimas y pilatos en escena:
Semana Santa de mineros negros

Nina S. de Friedemann, antropóloga
Directora revista *América Negra* (Expedición Humana)
Pontificia Universidad Javeriana

Cabildos y cofradías

En el ámbito de los estudios afroamericanos, el tema de los cabildos negros o cabildos de nación y las cofradías[1] como refugios culturales de los africanos y de sus descendientes en la Colonia, alude al estatus y al papel que debieron haber jugado los santos católicos en la religiosidad y la expresión teatral de las comunidades negras. Porque los trabajadores africanos llegaron con sus creencias y deidades y debieron inventar maneras de expresión y de protección a las mismas no sólo en el infierno de la trata. Las generaciones posteriores también lo hicieron. Abundan los testimonios culturales en el campo de la música, de la liturgia escénica y en general en las visiones del mundo de la gente negra en distintos lugares de América.

En efecto, en Cuba y Brasil, a Changó se le ha encontrado detrás de Santa Bárbara; Obatala parece que halló refugio en la figura de Jesucristo y Omolú en San Lázaro. Ello para mencionar apenas tres figuras del panteón religioso de sociedades negras contemporáneas en América. En Colombia, Manuel Zapata Olivella ha afirmado que «la historia cultural del negro en Colombia ha de reconocer capítulo especial a los santos», añadiendo que «ellos fueron los mejores aliados de los negros durante el período colonial y aún después de la Independencia.»

Desde mi punto de vista, las hipótesis y proyecciones que al respecto he propuesto, han sido posibles gracias al uso del método comparativo con otros lugares y circunstancias históricas en países como Brasil, Cuba o Perú. De todos modos, cualquier inferencia debe ser validada mediante mayor investigación en terreno, en áreas rurales, urbanas y de selva, y, por otro lado, en los contextos de expresión religiosa, bien sean ellos dependientes de la iglesia o en aquellos que se den por fuera de modo independiente. En Colombia tales contextos pueden ser las misas en honor a un santo celebradas por un sacerdote; o las luminarias en caseríos del litoral Pacífico también en honor a una santa Virgen, pero sin la dirección y antes bien, contra la voluntad o sin la aprobación de un oficial de la religión católica, como a menudo ocurre. Es decir , rituales que, desde el punto de vista etnocéntrico católico, podrían considerarse, el primero, sagrado y, el segundo, profano; pero que, desde la visión propia de las comunidades, vendrían a ser apenas ceremonias religiosas y naturalmente sagradas.

Esta contribución narra detalles de una jornada de terreno realizada en un poblado de mineros del oro sobre el río Coteje en su confluencia con el Timbiquí, en el departamento del Cauca. Intenté documentar la Semana Santa que se realizó en un contexto independiente de la guía de la iglesia católica, con la meta de examinar los símbolos y las expresiones de algunas figuras religiosas en conmemoraciones sin sacerdote católico. Es preciso anotar el asombro que sentí al ver aparecer sombras de memorias africanas en la humedad de un bosque aurífero en medio de la crucifixión el viernes santo y en las callejuelas de un poblado una madrugada de sábado de gloria.

Haré una descripción lineal del ritual, haciendo énfasis en dos escenas, sin abandonar el contexto general de la conmemoración, pero destacando las representaciones de las ánimas y los pilatos.

Los ríos del poeta del mar

Para llegar a Coteje hay que recorrer algunos de los ríos de la poesía de Helcías Martán Góngora:

Naya y Micay	Bubuey	Tan sólo tú río Guapi
cantando van	Tapaje	por la orilla de Chamón
siempre a la mar	Iscuandé	regresas en cada sueño
Timbiquí,	también	al delta del corazón
Saija	le dan	
y Guají	su amor	
van a dar	al mar	
oro al mar		

Una vez en las aguas del Guapi, primero debe navegarse hasta la costa del océano, para luego entrar por una de las bocanas del río Timbiquí y empezar a subir sus aguas y sus piedras hasta encontrar el pueblo a varias horas de canoa.

«¿Pa' ónde van?», nos preguntó un viejo desde la orilla cuando vió que Silvio, Efrén, Edison y los tres palanqueros empujaban la canoa de la cual las cuatro mujeres que allí viajábamos nos habíamos tenido que salir . Las aguas eran escasas y las grandes piedras impedían que la embarcación avanzara normalmente con el impulso del motor

«Para Coteje a la Semana Santa», le respondimos. «¡Ay, Virgen del Carmen!», dijo el hombre.

Después de haber tenido que saltar trece veces de la canoa, volviéndose a meter en ella otras tantas, de atravesar pasos bajos del río con el agua hasta el cuello y con miedo por todo el cuerpo, de recorrer largos trechos de playas de piedras duras y quién sabe qué más, entendimos la invocación a la Virgen de horas antes. Y también las notas del padre Bernardo Merizalde del Carmen, en su libro de 1921 sobre la costa del Pacífico donde anota: «Los peligros de la navegación a causa de la impetuosa corriente de este río, aunque se hace en embarcaciones menores y con bogas muy duchos para subir y bajar saltos y chorros, aún así y todo se lamentan frecuentes desgracias.»

Pues bien, ese miércoles santo habíamos salido a las doce del día de Santa Bárbara de Timbiquí debajo de un sol inclemente. Y finalmente llegaríamos a Coteje a las seis de la tarde bajo un aguacero torrencial.

El cura no sabía tanto

En Coteje la Semana Santa venía celebrándose desde hacía varios años, independientemente de cualquier dirección por parte de sacerdotes de la prefectura apostólica en Guapi; lo cual no era una excepción, ya que lo mismo ocurría en otros pueblos del mismo río y de otros, como por ejemplo en el Napí y en el Guají. Sin embargo, los contornos de la conmemoración independiente de Coteje sí obedecían a una voluntad expresa de la comunidad. En Guapi se sabía que el conflicto lo había originado un sacerdote y que a Coteje no podía arrimar ninguno desde hacía varios años. «Los Papas[2] no dejaron pasar al cura. No sabía tanto. Entonces lo mandaron a regresar para estudiar más. Y no ha venido más», fue la razón que en el mismo pueblo me dieron cuando intentaba averiguar por qué motivo la Semana Santa no estaba dirigida por un sacerdote.

Por supuesto que ésta era una metáfora con la cual la comunidad explicaba el choque entre ella y la jerarquía religiosa. Fácil de entender porque en diciembre de 1987, yo había presenciado un conflicto que había generado rechazo al cura párroco en el mismo río Timbiquí, pero en Santa Bárbara, la cabecera municipal. Allí, en diciembre, en la gran fiesta había la tradición de pasear a la Virgen en el río montada en una balsa de canoas, debajo de arcos de flores, de música, de tambores y de guasás, además de ofrecerle una luminaria de velas y fuegos artificiales en una estructura de guadua frente a la iglesia. Aquí, esta parte de la fiesta tiene un significado especial, pues, además, su santa patrona es Santa Bárbara, la abogada de las tempestades y de los relámpagos, la misma que en otros lugares de América con población de ascendencia africana representa a Changó, la deidad del trueno, la centella y el rayo.

Pero el cura párroco, Carlos Zúñiga, le había montado al pueblo su oposición a la tradición, aduciendo el derroche de dinero en pólvora y en bebida durante la fiesta callejera. El argumento era que los fondos y el esfuerzo deberían dedicarse a obras en la iglesia.

La población reaccionó. Mantuvo silencio. No salió a la calle con sus arrullos ni con los cununos. Ni preparó balsada. Y cuando, coincidencialmente, en esos mismos días de diciembre el prefecto apostólico con sede en Guapi, Monseñor Alberto Lee, llegó para celebrar los 25 años de ejercicio profesional del cura Zúñiga, los altoparlantes de la iglesia y las campanas se cansaron durante dos días de invitar a la gran misa con diáconos y etcéteras en honor del párroco. La población continuó muda y permaneció inmóvil. El prefecto, vestido en sus blancas y brillantes galas y en el vacío de la iglesia, no pudo más que lamentarse a la hora del sermón así:

Pilatos en Semana Santa, Litoral Pacífico.

En esta cabecera, un pequeño grupo de jóvenes de la juventud franciscana, algunos representantes de las organizaciones piadosas de la comunidad, dos o tres personas amigas, escasamente alcanzan a representar a la población de Santa Bárbara de Timbiquí. Esta celebración de unas bodas de plata sacer dotales en el mar co de la población entre la frialdad y la indiferencia de la comunidad son una realidad... por la que tenemos que estar siempre reclamando, porque tenemos que cumplir con la tarea que el Señor nos ha encomendado. Tenemos que hablar y anunciar el Reino de Dios en su realidad total aún cuando no nos guste, aunque resulte antipático, aunque, para muchos, sea insoportable, aunque no esté de moda...

La realidad, desde luego, era una respuesta a la rígida incomprensión de la Iglesia jerárquica frente a la expresión religiosa de la comunidad. Este hecho es el que meses más tarde sería resumido sabiamente en Coteje cuando, conforme mencioné anteriormente, sus gentes explicaban que el cura debía aprender más. Porque es bien sabido que la religiosidad es una característica de las gentes negras en el litoral Pacífico. La representación alegórica de la Semana Santa en Coteje, además, es un testimonio de teatralidad expresado sin restricciones.

El escenario

El drama de Cristo se monta en el escenario del caserío del río y con los recursos de su cotidianidad. Los de la música, los de su saber tradicional y aquel aprendido en el rito cristiano. En la liturgia escénica se destacan la riqueza gestual y el habla regional. En la comunidad se renueva la autoridad de los viejos en la dirección de la celebración. El jueves es la fiesta de las mujeres, dicen, porque es la fiesta de la Virgen de los Dolores, «de las madres que sabemos cuál es el dolor.»

Así, desde el miércoles por la noche, la procesión de las estaciones lleva tras de una cruz alta envuelta en un manto blanco a un grupo de mujeres que entonan cánticos de alabados siguiendo el patrón de una cantadora y respondedoras. De igual manera recorren el pueblo el jueves, antes de la representación de la última cena.

El viernes es la fiesta de los hombres, porque es el día de Cristo, que es varón. El dueño y líder de la fiesta este año fue Santiago Banguera, y guió algunos de los episodios ayudándose con parte de un libro antiguo. Así, recitó el sermón de las siete palabras el viernes santo frente a una extraordinaria escenografía de ramas que se asemajaban a un monte de árboles erguidos en el sitio del altar principal y que servían de paisaje a la escena de Cristo y los dos ladrones, todos crucificados a lo vivo.

La milicia

La liturgia enmarca cada uno de sus actos en la actividad de la milicia, que es un grupo de adultos jóvenes y adolescentes uniformados con camisetas color amarillo oro, pantalones y botas de caucho y armados de escopetas de verdad y machetes de madera (intepretación de la guardia romana). Recorren el pueblo marchando en busca de Jesús de Nazareno, a tiempo que anuncian el episodio próximo. Como milicia van en dos columnas, una al lado de la otra, guiados por el toque de cucunos y, a partir del jueves santo, también por la matraca[3] que las encabezan. A medida que recorrren las calles unos entonan y otros contestan:

> Ayayay qué pasó
> una 'raña me picó
>
> ¿Te dolió?
> No me dolió
>
> Cuando salga del cuartel
> a mi casa voy a dir
> a mi novia un abrazo
> y a mi suegra un balazo.

La Semana Santa en muchos poblados del litoral cuenta además con una tradición que es propia de los niños y adolescentes. La de hacer pitos con palma de totora y también con canutos de guadua. Desde el domingo de ramos, el sonido de los pitos es constante. Los niños pitan y no cesan de pitar a toda hora y en todo lugarEn Coteje también pitaban los niños, pero la mayoría lo hacía con pitos largos hechos de guadua a los que llamaban *churos*.

El jueves, después de que la milicia gritó por las calles «V   engan a la cena», «Y a comienza la cena», y cuando se representó el *prendimiento* de Jesús, su canto cambió así:

> Viva que lo cogimos
> a Jesús de Nazareno
> por pícaro y traicionero.

Y la contestación era:

> Viva que lo cogimos
> por pícaro y traicionero
> A Jesús de Nazareno.

El escenario para la representación de la última cena se arregló en la nave izquierda de la iglesia. Una mesa con manteles blancos sombreada por grandes ramas de guamo fue preparada para el ágape. Los apóstoles con sus túnicas blancas y sus cabezas también cubiertas con lienzos blancos, salieron de la sacristía por entre la muchedumbre para ocupar sus sitios alrededor de la mesa. Jesús, vestido de azul y cuellos de encaje. Una gran peluca negra y larga enmarcaba el rostro sonreído de Cruz del Carmen Banguera, quien ha sido Cristo desde hace varios años. Después de repartir galletas como símbolo de pan y una taza de vino, se levantó, tomó en sus manos una galleta y pronunció el «este es mi cuerpo» y luego con el vino «esta es mi sangre», etc.

Cuando terminó el acto, el grupo de apóstoles con Jesús desfilaron en medio de la guardia de la milicia que estrepitosamente había entrado a la iglesia. Bajaron las escalas del templo que se alza en la parte alta del pueblo y , en medio de cirios, velas y antorchas colocadas en el piso, se dirigieron a las afueras hacia una colina pequeña. Iban al Monte de los Olivos. Pero algunos me dijeron que iban a otra cena. En realidad, el episodio que se preparaba era el   *prendimiento* de Jesús. En la colina, los apóstoles se arrodillaron y besaron la tierra. Se incorporaron y Judas señaló a Jesús. En ese momento irrumpió brutalmente la milicia por entre la multitud. La gente se arremolinó en torno a Jesús. Los milicianos se abrieron paso a la fuerza y lo prendieron en medio de gritería general. T an pronto como iniciaron el descenso del monte hacia las calles del poblado, el remolino se convirtió en turba desaforada, que alzaba los brazos, gritando unos a otros «¡Lo cogieron! ¡Lo cogieron!» El drama había alcanzado esa noche uno de sus momentos máximos.

Salen los pilatos

El viernes desde muy temprano, en los bordes de algunas calles, se clavaron grandes ramas del árbol amargo. Por las calles de la amargura dijeron que pasaría la procesión y se harían *los números*, es decir, en la liturgia católica algunas de las estaciones de viacrucis y unos pasajes de la vida de Cristo.

En Coteje buena cantidad de personas con quienes conversé me dijeron que el viernes es el mejor día de la Semana Santa. En primer lugar, hay una participación activa de muchos individuos que se encargan de actuar en cada uno de los números. Que se conocen como Lázaro, la Samaritana, el Mercado, la Disputación de los Doctores de la Ley, Simón Cirineo, Samuel Beribel y por último el rostro de Jesús. Todas estas son escenas que tienen lugar al aire libre, bajo el sol o la lluvia, y antes de entrar a la iglesia a presenciar *el enclave y el desenclave* , y que arrastran al resto del pueblo como espectadores.

Cada número se desarrolla en un marco escénico construído en el cruce de calles. Se cuelgan telas blancas que semejan telones de fondo y laterales, formando un nicho donde se colocan mesas y sillas y la parafernalia alusiva a la representación. El número de Lázaro, por ejemplo, tenía además una cortina frontal que Jesús levantó cuando llegó a resucitarlo con el vigor de su mandato: «¡Levántate y anda!» Aquí los aplausos de los testigos animaron el acto.

El número de Samuel de Beribel, personificación del borracho, músico y mujeriego, se montó en la esquina donde arrancan las escalinatas para el templo. Ahí, en una hamaca, Samuel tocaba guitarra en los brazos de una mujer y la música de salsa en el cassette de una grabadora atronaba el ambiente. El *biche*, uno de los términos con que se llama el aguardiente, se repartía a granel. Y las parejas bailaban y bailaban. El Nazareno, con la corona de espinas sobre su cabeza y arrastrando la cruz, entró en la tienda de Samuel, le pidió agua y Samuel se la negó.

—«Anda, falso profeta, embaucador, si eres Hijo de Dios, ¿por qué no llamas a los ángeles?»

Y Jesús le contestó:

—«Yo luego descansaré, pero tú andarás sin cesar hasta que yo vuelva, hasta el siglo venidero. Serás el judío errante.»

Después de este número, Jesús y sus apóstoles lavados en sudor, subieron al templo arrastrando la cruz. Este viernes santo fue terriblemente caluroso y húmedo. Era difícil tomar fotografías. Las sombras eran muy acentuadas. La presencia de los niños frente al lente de la cámara era constante. Aunque los actores principales querían que tomáramos toda la información grabada y fotográfica, nuestro trabajo se dificultaba a cada momento, más aún con la profusión de enormes grabadoras que, como biombos, tapaban a los actores. Sus dueños habían empezado a llegar desde principios de la semana. Eran familiares de cotejeños y vivían en Cali, Buenaventura y hasta en Bogotá.

Después de un descanso, y cuando el sol comenzaba a aplacarse, la milicia llenó nuevamente las calles con el grito que anunciaba el próximo episodio:

—«¡Al entierrro de Cristo! ¡Al entierro de Cristo!»

Efectivamente, en el templo no cupo toda la gente. T rajeron bancos y asientos. El telón azul que tapaba el altar mayor anunciaba en su parte superior en un gran letrero la escena próxima: «Muerte de Cristo». Detrás y en la sacristía se preparaba el acto más importante de la tarde, y para el trabajo de documentación antropológica de cultura negra en esta parte de Colombia, un momento afortunado. Desde luego que Cruz del Carmen Banguera, quien personificaba a Cristo, nos había prevenido sobre el acto de la muerte y del « *desenclave»* de Cristo. Que no nos fuéramos a asustar , que no nos diera mucho miedo.

Cuando el viejo encargado del sermón leyó la séptima palabra, se descorrió el telón y aparecieron los tres crucificados. Las ramas de *naidi* que cada persona había traído empezaron a agitarse por encima de sus cabezas con el ruido que hace el viento en una tempestad; Cristo expiró entonces. Un par de disparos de escopeta sonaron y de atrás de los crucificados salieron los llamados *pilatos*: cinco hombres vestidos con harapos, costales, sombreros viejos, una especie de faldellín de fibras vegetales, una pipa que vomitaba fuego y un hacha con la que cada uno amenazaba a la gente. Tenían la cara refregada con greda amarilla y líneas de carbón como arrugas. Corrían detrás de la concurrencia que en tropel y despavorida abandonó la iglesia. Los cinco *pilatos* actuaban en todo el poblado haciendo morisquetas en medio del temor divertido de chicos y grandes y de la batalla que los niños les oponían haciendo sonar sus pitos de guadua en el oído de cada pilato. Se disfrutó así de una festividad de color y de gesto, de risotada y de mímica, de símbolo y de mística, que duró hasta cuando la luz del día se fue y Coteje se sumió en la noche.

Quienes salieron de la misma iglesia en estampida a la hora de la muerte de Cristo, eran nada menos que otra versión de los famosos diablitos negros, que no son demonios católicos sino personajes que, representando a los antepasados míticos africanos, se incrustaron primero en las cofradías sevillanas y luego se hicieron parte desde el siglo XVI de las fiestas del Corpus Christi. Diablitos que viajaron a América no sólo como expresión teatral y festiva en los autos sacramentales de la Iglesia Católica, sino como parte del equipaje religioso oculto que trajeron los africanos.

Por supuesto que encontrar diablitos en el bosque minero del litoral Pacífico es todo un acontecimiento en estos tiempos contemporáneos. Pero así mismo, es un hecho que requiere confrontaciones allí mismo en la región. Por ello, el trabajo de documentación debió extenderse a otros poblados. Por ejemplo, al de Santa María, otro sitio minero en el río Sesé, también en su confluencia con el Ïmbiquí. A unas tres horas río arriba en canoa con motor , cuando el agua lo permite. Allí también se encontró a Pilatos o Bato, un personaje que en la tradición oral de sus gentes fue descrito como «un monstruo del monte, descalzo»[4] y asustando a los niños no sólo durante semana santa sino el 25 de diciembre y el 6 de enero. De él nos hablaron varias personas, entre ellos, don Justino Sinisterra, un anciano ahora pero quien ha sido mayordomo de la iglesia de Santa María desde 1932. Además, desde ese tiempo dijo que había visto la marimba en la iglesia para la semana santa. «Es música de toque triste.» Se oye el jueves día y noche y hasta el sábado a las 12 de la noche. Allí en Santa María, en cambio, la milicia no marcha con tambor

Un análisis del proceso de ingreso, de recreación de perfiles del personaje, de cambio y de elaboración del mismo, de cara al personaje Pilatos detrás del cual parece haber encontrado refugio el antepasado mítico africano, es una cuestión que aún no se ha realizado.

El hacha, por ejemplo, según explican las gentes de Coteje, de Santa María y de Calle Larga, poblado éste sobre el río Napi donde también aparece, simboliza muertePero es un elemento que no tenía el personaje del Corpus Christi en Ciénaga y tampoco surge entre los diablos de Loaiza en Puerto Rico, ni entre los diablos en el carnaval de Barranquilla, para mencionar unas pocas de sus apariciones.

Descienden las ánimas

Pero regresemos al litoral caucano. En Santa María la procesión del sepulcro empieza como en Coteje, después de las doce de la noche. Puede ser a las dos de la madrugada, como efectivamente sucedió este año. Decenas de velas y de cirios empezaron a subir los escalones de la iglesia en Coteje, debajo de una llovizna fría. Los cánticos tenues de las mujeres rompieron la oscuridad. No habían llegado todas las cantadoras. Los doce apóstoles con sus túnicas blancas y sus cabezas arropadas cargaron el sepulcro y lo bajaron al pueblo. Más mujeres envueltas en toallas salieron de sus casas y engrosaron los coros de la pasión detrás del sepulcro.

Los alabados a Cristo, como a cualquier otro difunto, hablaban de sus virtudes y de los recuerdos que había dejado, así:

> Que encarnó en María
> Virgen y naciente
> se quiso hermanar
> para mi remedio.
>
> Conversó en el mundo
> con malos y buenos
> para mis remedios
> con inmenso precio.

Quienes andaban en la procesión y aquellos que apenas tuvieron tiempo para envolverse en una colcha de hilo y salir a los balcones a mirarla, sabían que detrás del coro iban las ánimas que habían llegado del purgatorio. En Santa María se les llama las *ánimas tristes*. Sólo se las distingue por una lucecita que vuela como el cocuyo.

Estas ánimas también tienen en la procesión del sepulcro una liturgia escénica. Aparecen en bandadas juguetonas y su representación alegórica está a cargo de hombres enfundados en sábanas blancas a modo de hábitos que en algunos lugares se complementan con gorros altos y puntiagudos. Blanden un látigo de cuero de novillo. Entran a las casas en son de reclamo. Allá donde están no han oído suficientes rezos. «Uno le reza al ánima de un pariente muerto, para que le proteja de las otras ánimas que hacen cosas... Yo le rezo a mi abuelo», me explica Edison, uno de los tres canoeros en el viaje a Santa María. «Allí este año salieron dieciséis ánimas tristes.»

«¡Descansen en paz, descansen en paz!» les gritaban hasta cuando las pudieron atrapar y echar a las aguas del río, agobiadas por la tempestad de los pitos y los churos que niños y adolescentes soplaban sin parar.

Desde luego que esta parte de la liturgia es también alegórica del culto a los muertos en las culturas africanas y en las negroamericanas. Pero se refiere a las almas de los parientes naturales, los que la gente podría identificarA tiempo que la aparición de los pilatos evoca antepasados míticos.

Es interesante anotar el carácter juguetón que al fin y al cabo tienen tanto los pilatos como las ánimas y el papel que con ambos personajes desempeñan los pitos o churos de los niños, como exorcizantes.

El mundo en el litoral

De cualquier modo, una interpretación de la semana santa en términos generales, o de partes de su liturgia, en relación con los procesos culturales de la religión de los grupos negros en esta región de Colombia no es fácil, e implica empezar a conocer las visiones del mundo en las cuales se enmarcan sus expresiones. No son muchas las investigaciones que han logrado dibujar las visiones émicas, es decir las propias de la gente en su hábitat. Norman Whitten (1974) presentó trazos de lo que él llamó el universo afrohispánico, basado en sus trabajos en el litoral Pacífico colombiano y ecuatoriano. Ann Marie Lsonczy (1986) recientemente delineó también una parte de esa visión en cuanto a la concepción y el nacimiento de los niños en el Chocó. Y Juana Elbein Dos Santos y Deoscoredes Dos Santos (1977) hicieron planteamientos generales sobre religión y cultura negra en un horizonte de Afroamérica. Con estos estudios uno podría intentar un bosquejo que le ayudara a revisar críticamente los datos de terreno, para emprender un análisis interpretativo de la naturaleza y del material factual, y más adelante describir la simbología y quizás reconstruir la trama de los signos, de los gestos y de la parafernalia.

Por lo pronto y para no alargar más este artículo, delinearé trazos de esa visión del mundo con la cual podrían examinarse datos de terreno como los que he citado aquí.

Las vidas de los hombres son lámparas que arden en el cielo sobre una mesa grande. Cuidando tantas luminarias está el ángel de la muerte... Un día Dios le permitió a un hombre subir al cielo y mirar las vidas de los hombres. ¡Qué inmenso mar de luces! Unas son chiquitas y pálidas casi arrastradas por el suelo, otras son gruesas, fuertes, como las de los ambiles [5] *de palma. Muchas son serenas, aunque el viento las azote con fuerza.*

Estas imágenes hacen parte de visiones émicas de gente en el litoral que Rogelio Velázquez anotó hace unos tres decenios (1961).

En 1988, yo oí trazos de esta visión en Buenaventura en el verso de Benildo Castillo que contaba que:

Una vez en un letargo
soñando que estaba muerto,
me subí a los elementos
 y anduve un rato paseando.
Llegué donde estaba el rayo
el relámpago y el trueno.

Yo conversé con la luna
que estaba en su aposento.
Hablé con todos los muertos
sin dificultad alguna.

Pasé por una columna
donde estaba un dios pasando
 y con él estuve hablando
por espacio de una hora.

Llegué a la puerta del cielo
soñando que estaba muerto
vi el palacio central
de los ángeles del cielo.

Vi a mi padre San Pedro
de rodilla en un altar
y llegué a la puerta de la gloria
y anduve un rato paseando.

Con estos trazos casi que sobra dibujar el universo físico del hombre del litoral húmedo y lluvioso circundado y recorrido por agua; y el mundo celestial abstracto, infinito e ilimitado donde está la gloria, hábitat de las entidades divinas, de los antepasados míticos y de las almas. Dos mundos que se comunican entre ambos: en el sueño como el de Benildo Castillo que sube a los elementos y se asoma a la puerta del cielo; o en la liturgia de santos, como San Antonio y Santa Bárbara, a quienes, invocándoseles con arrullos, pueden descender a la tierra; o con la música de la marimba, el instrumento que, según dicen, se tocaba en el cielo siendo allá San Pedro el mejor marimbero.

Además, es bien conocido el ritual poético y el juego del *chigualo* que acompañan al angelito o sea al infante difunto en su viaje de regreso al cielo.

Unos versos que hace unos años, se cuenta, eran entonados para despedir al niño, dicen:

Ayúdeme prima
con esta canción
porque se me arranca
hasta el corazón.

Angelito, andá pa'l cielo,
andá, mostráme el camino,
pa' cuando se mueran
tu madrina y tu padrino.

¡Si se embarca
y se va
buen viajeeee!

En la semana santa de Coteje la liturgia de pilatos y ánimas mostró el viaje a la tierra de estas figuras desde dos espacios del cielo. Los pilatos desde la gloria y las ánimas desde el purgatorio.

Hay un ámbito más que es integral a ese universo y que hace parte de un complejo entendido como *otros mundos*, que están más allá de las aguas del mar que rodean la tierra. Son mundos habitados por espíritus a los que el poeta Alfredo Vanín (1988) se ha referido como personajes de encantamiento: la tunda, el riviel, la candela, las sirenas y los barcos fantasmas, entre otros. Su existencia también aparece relacionada con los seres de carne y hueso del litoral. Sin embargo, para entrar en la tierra deben sumergirse en las aguas marinas y en las mareas que empujan las corrientes dulces de ríos y esteros.

Todo ello permite apreciar que es difícil recorrer la selva de lluvia, mangles y creencias en el litoral Pacífico, especialmente cuando son frágiles las embarcaciones. No es fácil entender el proceso cultural de estos grupos. Aunque sabemos que para lograr un espacio vital y articular una visión propia del mundo en nuevos escenarios, debieron recurrir a lo que tenían y a aquello de lo que han podido echar mano. Se trataba y se trata de sobrevivir. La hazaña increíble es que para lograrlo han inventado no sólo nueva poesía y teatro, sino otros modos culturales y sociales. Y aún cuando las condiciones son adversas en Colombia, su premisa incontestable sigue siendo la misma de la del resto de la diáspora africana en América: sobrevivir para vivir.

Notas

[1] Es importante señalar la distinción y la relación entre *cabildo de negros o cabildo de nación y cofradía* en América, porque una cofradía tiene la tutela de un santo católico, en tanto que un cabildo era una agrupación de auxilio cuyos miembros tenían en común su origen africano. Por ello, las cofradías llevaban el nombre de santos y los cabildos el de las etnias africanas, como Arará, Carabalí, Mandinga o Congo. Sucedía, además, como por ejemplo en Perú, que un cabildo de los Congos Mondongos hiciera parte de la cofradía de San Marcelo; o como en Cuba, donde la distinción entre cabildo y cofradía era tal que en 1884 en la festividad de Reyes, se prohibió la salida de los cabildos de nación a la calle, para finalmente, en 1988,

obligarlos a transformarse en cofradías católicas.

[2] Los Papas del Vaticano.

[3] La matraca en forma de pez, tallada en madera. Los cununos son tambores.

[4] Fray Vicente Valencia, de la Prefectura Apostólica de Guapi, informó que en el poblado de Calle Larga en la semana santa de 1961 vio a Poncio Pilatos usando una máscara de madera de balsa pintada con colores amarillo, rosado y arena.

[5] Ambil, especie de antorcha.

Bibliografía

Dos Santos, Juana, Deoscoredes Do s Santos, *Religión y cultura negra, África en América Latina* relator M. Moreno Fraginals, Siglo XXI Editores, México,1977, pp. 103-128.

Friedemann, Nina S. de, «Contextos religiosos en una área de Barbacoas» *(Nariño)*, *Revista Colombiana de Folklore IV*(10): 63-83, Bogotá, 1966-1969.

Carnaval en Barranquilla, Editorial La Rosa, Bogotá, 1985.

Jaime Arocha, *La marimba navegó hasta el mar De sol a sol*, Planeta Colombiana Editorial S. A., Bogotá, 1986.

«El diablo de Riosucio no es el demonio católico», reseña del libro *Cantares del diablo* (Héctor Jaime Montoya et al), *Boletín Cultural y Bibliográfico* XXIII(8): 81-82, Banco de la República, Bogotá, 1986.

«Cabildos negros: de africanía en Colombia», revista *Montalbán* N°20, Universidad Católica Andrés Bello, 1988, Caracas, pp. 128-135.

Criele criele son del Pacífico negro, Planeta Editorial, Bogotá, 1989.

Fiestas: celebraciones y ritos en Colombia, Villegas Editores, Bogotá, 1995.

Diablos y diablitos: huellas de africanía en Colombia, revista *América negra* N° 11, Bogotá, junio de 1996.

Y Arocha, Jaime, *De sol a sol*, Planeta Colombiana Editorial S.A., Bogotá, 1986.

Losonczy, Anne Marie, «La sagesse et le nombril. Rites de naissance et sages femmes chez les Embera et les afro-colombiens du Haut Choco (Colombie)», revista *Civilisations*, Vol. XXXVIII, Bruselas, 1986.

Martán Góngora, Helcías, *Poesía. De casa de caracol a saga de extranjero* Esparavel, Santiago de Cali, Volúmen 2, 1980.

Mbiti, John S., *African Religions and Philosophy*, Anchor Books, Nueva York, 1970.

Merizalde del Carmen, Bernardo, *Estudio de la costa colombiana del Pacífico*, Imprenta del Estado Mayor General, Bogotá, 1921.

Sáenz, J.M., «Las comparsas: su trayectoria histórica» en *Actas del folklore*, Centro de Estudios del Folklore del TNC, Año I, N°4, La Habana, 1961.

Santa Cruz, N, «El negro en Iberoamérica», en *Cuadernos Hispanoamericanos, enero-febrero de 1988, pp. 451-452.*

Vanin, Alfredo, «Las culturas fluviales del encantamiento», diario *El Espectador*, Magazine Dominical, Bogotá, marzo de 1988.

El carnaval del Valle de Sibundoy

Maria Clemencia Ramírez de Jara,
Instituto Colombiano de Antropología (Tomado de la r evista *Melusina*)

Cuarenta días antes del domingo de ramos se celebran en el país varias fiestas de carnaval. Una de éstas tiene lugar en el V alle de Sibundoy (Alto Putumayo). Aquí participan las dos comunidades indígenas que habitan en el Valle: los Inga de habla quechua y los Kamsá. Máscaras, música, baile, vestidos autóctonos, distintos juegos y rituales se realizan a partir del sábado anterior al miércoles de ceniza.

En estos actos siempre se encuentra presente la Iglesia Católica, por una parte, con sus ritos eucarísticos, y el Cabildo como representante de la autoridad indígena, por otra.

El Gobernador de cada cabildo organiza todos los detalles para que el carnaval sea un éxito. Desde el sábado se inician los preparativos. Los alguaciles tocan los cuernos y la comunidad empieza a limpiar la plaza y las calles por donde pasarán los desfiles: el lunes el de los Kamsá y el martes el de los Inga.

La casa del cabildo también se limpia como símbolo de purificación y en su entrada se construye un «castillo de ramos», que consiste en una estructura en forma de arco adornada con ramos, flores y totoras. La cruz, símbolo del poder de la iglesia, y el bastón de mando, símbolo del poder del Gobernador del cabildo, se colocan lado a lado.

El domingo de carnaval se reúnen los miembros del cabildo: el Gobernador,Alcalde y Alguaciles, con el fin de oír las recomendaciones que tenga que hacer el Gobernador para la buena marcha del carnaval y se inicia la preparación de la chicha y del mute con carne y huevo que se ofrecerá a los miembros de la comunidad el día del desfile.

El desfile sale del cabildo y se dirige hacia la iglesia donde se celebra la Eucaristía, pasando por las calles principales.

Los hombres se visten con cusmas o túnicas de color negro hasta la rodilla sujetas por la cintura por un chumbe, y el capisayo o ruana de listas negras, azul intenso y rojo. Algunos se enmascaran, con máscaras de madera talladas por ellos mismos, ya sean pintadas de colores vivos como el rojo y el anaranjado o simplemente color madera; otros portan máscaras hechas de papel o de materiales como el icopor.

Las mujeres Kamsá se visten con túnica oscura y las Inganas con faldas de colores estampadas que se adornan para la época del carnaval con grandes cantidades de chaquiras de diferentes colores, con plumas de colores, con paños, telas y lienzos blancos terciados, y flores en la cabeza.

Todos bailan al son de la música tradicional que tocan con sus instrumentos propios como son los roncadores, cuernos, tambores, caparazones de tortuga y dulzainas de cascabel.

Se ven pasar también en medio del desfile comparsas o grupos de personas con máscaras semejantes, como es el caso de los matachines, todos presididos por los portadores de banderas de gran colorido.

En la iglesia se inicia la ceremonia del perdón. Es el momento para arrepentirse de las faltas cometidas durante el año para con Dios, contra el cabildo o contra otros miembros de la comunidad, ya sean familiares, compadres o amigos. Al entrar al cabildo cada cual se arrodilla ante el Gobernador para pedirle perdón y la bendición: éste los aconseja antes de bendecirlos, logrando así la reconciliación con el Gobernador y con todas las personas con quienes haya tenido problemas durante el transcurso del año.

En el caso de los Inga, del cabildo se sale a bailar en la plaza, donde se realizan juegos como el Chilawan, que consiste en terciarse a la espalda canastas de papayuelas. Se forman grupos de tres en tres; el juego consiste en evitar las papayuelas que se lanzan unos grupos contra otros. Se hace un muñeco con hojas de maíz, con el cual cada persona baila hasta cuando se terminan los juegos.

Entre los Kamsá, del castillo de ramos se cuelga un gallo y se juega a tratar de alcanzarlo. Por turnos trepan los hombres hasta que alguno lo logra.

Se regresa al cabildo donde se reparte la comida y la chicha preparada el día anterior y de allí se sale hacia las casas, primero de los principales, parando para saludar y bailar en cada una de ellas. Se continúa bailando de casa en casa en donde se les ofrece comida y bebida hasta que amanece el miércoles de ceniza. Luego todos asisten a la misa, donde se purifican y piden perdón por los excesos cometidos en el carnaval.

La fiesta del carnaval es importante por cuanto es el principal mecanismo de cohesión social de la comunidad, pues, además de los actos de perdón y purificación señalados, es el reencuentro de todos aquellos que estuvieron viajando en su labor de comerciantes, vendiendo plantas medicinales en ciudades de todo el país y del exterior (Panamá, Venezuela, Ecuador).

Entre los Inga se ha instaurado, de unos años para acá, la celebración del carnavalito de los niños de las escuelas bilingües y no bilingües, fiel copia del desfile que llevan a cabo los mayores el día martes. La idea de los jóvenes es recuperar sus tradiciones y costumbres, empezando por educar en ellas a los pequeños; ésta es la oportunidad para que los niños usen los vestidos tradicionales, toquen sus instrumentos y bailen su música tradicional.

Trilogía del diablo

Memoria del teatro de la festividad

Misael Torres

El procedimiento predilecto del teatro de feria es lo grotesco. No atendiendo más que a la originalidad, sólo retiene lo correspondiente a su actitud frente a la vida, actitud hecha de alegría de vivir, de ironía y de capricho. Escoge la materia de su arte, no según la verdad real, sino según su capricho artístico. Lo grotesco acaba con el análisis, su método es la síntesis. Mezcla los opuestos y acentúa con intención las contradicciones. El único efecto que cuenta es el imprevisto, el original.

Meyerhold

El diablo preguntón

El diablo, muerto de la risa, preguntó qué era eso de la juglaría y aquí comienza el cuento.

Era necesario un encuentro, una vivencia con un modo de ejercer el oficio y al mismo tiempo indagar sobre una forma de vida del teatro: el trabajo del juglar. En su oficio, en la vida misma, itinerantes del espíritu, los juglares han dejado constancia de su paso por la tierra; que lo digan los antiguos moradores del Islam y sus diversos suffis, los chamanes que conservan la memoria viva de los primeros tiempos, Homero y sus delirantes versos, Francisco el Hombre, que derrotó al diablo tocando acordeón, Martínez, el matachín mayor de Riosucio y sus ácidas trovas, don Benildo Castillo en Tumaco y sus trovas a lo humano y lo divino, el Enmontao cerca de Montería, compae Goyo y sus sorprendentes historias. Y todos los que existen. Y han existido. Existirán y no los conocemos.

¿Cómo jugar a ser juglar sin serlo? ¿Sin ejercerlo? ¿Sin vivenciarlo? El arte del juglar es el ejercicio de la improvisación. Aquí en América se puede hablar de una gran gama de juglares que se hacen presentes en celebraciones de origen popular y en lugares donde la memoria popular se expresa: los matachines y contadores de la memoria colectiva en sus diversas manifestaciones.

¿Qué pasa entonces cuando un actor decide transitar por los fragores de la fiesta? ¿Cómo oficiar en los rituales donde el «yo» colectivo se manifiesta lúdica y creativamente?

Surge a la pregunta del diablo otra pregunta:

—¿Qué tipo de actor se necesita para continuar siendo heredero de la memoria colectiva?

Se quedó pensando el diablo y dijo:

—¿Y en dónde queda la memoria colectiva de la gente?

—En tu origen, diablo con cuerpo de cristiano y alma de maíz y chicha. En ese origen legendario que narra que tú eras otro, que vestías de fibra y guadua, te invocaban los sembradores de la tierra, a tus pies se enterraba la bebida del delirio colectivo: tu calabazo de chicha. Dabas vigor, fertilidad y alegría a los espíritus de los hombres. Hasta que llegaron los caballos, y los 500 años, y el Man-doble. Pero en el fondo no creímos en sus cruces. Te escondimos en el cuerpo del que dicen que en él, el mal habita. Porque pensamos que ellos eran al revés:

Dicen que vida, y bendicen genocidios.

Dicen que amor a Dios, y odian.

Dicen no matarás, y bendicen bayonetas y fusiles.

Dicen que humildad, y el Vaticano.

Grupo *Loca Compañía*

Entonces te escondimos allí donde pensamos que el diablo no es como lo pintan. Por eso ríes de alegría cuando los descendientes de tu antiguo pueblo instauran la república del carnaval y entonan el himno de la alegría y la esperanza. En un ciclo permanente cada dos años, hace muchos años, en tu pueblo de Riosucio. Allí queda la memoria colectiva del diablo, en el origen.Porque en el origen está el secreto de algo peculiar imperceptible, que día a día nos desvela. En la memoria de cada hombre que al narrar a otros se multiplica y crece.

En esa memoria sustentada en el asombro, en el ingenio, en el poder irrevocable de la realidad acrecentada, en el sustento de algo espiritual que eterniza. Ahí vive la memoria colectiva de los pueblos.

—¿Y el teatro? dijo el diablo.

—Espejo de la vida, el teatro, con su capacidad de síntesis, crea su propia memoria colectiva. Allí están las tragedias griegas, la comedia latina, Shakespeare, Homero, Diógenes, los mimos, las danzas primigenias, las músicas antiguas. Goethe, Lorca y muchos que han bebido en la fuente inicial para calmar la sed. Es indudable que hay un vacío. Uno siente el vacío.Falta el «olor a azufre» del que habla ArtaudSentimos la sed que nos provoca la hoguera. Por eso invocamos al diablo, para que descienda sobre los escenarios y preñe de vigor, canto y rebeldía las obras que narran sus aventuras y desventuras en esta Macondia loca y explosiva, lo invocamos para seguir guardando el canto vital que nos recuerda el calabazo de chicha enterrado.

> Y tantos años de oprobio.
> Y, sin embargo, jamás hemos dejado de cantar y bailar.
> Mira cómo me arranco el alma.
> Esta pena de amor.
> Esta pena de amor...

Francisco Saya, el marimbero que derrotó al diablo

En Tumaco, puerto sobre el Pacífico en el departamento de Nariño, se celebra el II Festival de Música del Pacífico y del currulao, en diciembre del año 1988.

La experiencia allí era crear una estructura donde danza, trova, currulao, cuentería, juego dramático y música, propiciarían un evento de celebracióninaugurar el Festival.

Jóvenes, niños y adultos de la población dan inicio al acta de resurrección de don Francisco Saya, insigne y recordado trovero, cuentero y gran tocador de marimba por Tumaco y todos sus alrededores.

Nos encontramos con él en todas partes: en sus familiares que lo recuerdan, en su casa habitada por espantos, que se quedaron viviendo allí para oír la música de su marimba, que dicen suena sola en noches de menguante. En la labia de viejos compositores e intérpretes de currulaos. Con los danceros. En las charlas mojadas de ron e historias de aparecidos y desaparecidos. En las pequeñas cosas que la gente guarda cuando algo ha trascendido y el hombre se convierte en leyenda. Nos lo fuimos encontrando entre «patacorés, alabaos, jugas y torbellinos», nos fuimos enterando de su historia, de su pasión por la marimba. De su encuentro con el diablo.

Día 8 de diciembre: las calles de Tumaco se llenan de miles de personas que miran las comparsas que evocan los antiguos habitantes hechos de cuento y leyenda: diablos, espantos y personajes populares desfilan. Por las calles se oye a las comparsas cantar:

> A todos los invitamos
> a un duelo sin igual
> entre don Francisco Saya
> y el diablo de este lugar.

Un escenario deportivo al aire libre ha sido transformado en los espacios por donde transcurrirá la historia. Historia viva que sucedía al mismo tiempo que Francisco Saya se hacía presente para contar su propia historia..

Un currulao visual dirigido a la retina del espíritu. Propiciar un encuentro y difuminarnos en la dinámica del mismo, produciendo con ésto la apertura al encuentro festivo. Aquí la narración oral, por obra y gracia de la conjunción y de la síntesis, se vuelve currulao visual que se baila, se oye, se siente, se danza, se ve. Aquí nace una forma peculiar de narrar la historia, propia del acontecer teatral. La memoria colectiva se cualifica y bajo la forma de drama danzando y cantando, Francisco Saya vuelve para recordarnos la noche en que venció al diablo tocando marimba y , aunque no me crean, es verdad.

La última del diablo

El teatro popular es un término, un concepto, que abarca diversos puntos de opinión con respecto al tema. He oído desde mis albores en la ciencia teatral discutir acerca del teatro popular. Diversos métodos, distintas experiencias, variedad en los estilos, el teatro popular ha estado siempre en los sucesos teatrales de cada época, dejando su huella en el alma del pueblo. Los grandes poetas del mundo entero se han nutrido de las tradiciones populares para conservar en la memoria colectiva ese legado que nos hace más humanos.

¿Quién no se ha maravillado con las historias de Homero? ¿Y reído con el ingenio popular expresado en la astucia del sirviente en la comedia latina? ¿Y los juglares y el portento de la palabra hablada, y el actor Shakespeare escribiendo maravillosas historias legadas por la memoria popular? ¿Y el gran Goethe y su Fausto salido de la leyenda popular? Goethe bebió en la fuente popular y brindó con el diablo.

Cada organismo popular tiene su manera peculiar de expresarse. Cada sociedad humana tiene sus particulares maneras de celebración y regocijo. Allí, en estas experiencias colectivas, se guardan las claves de nuestra presencia.

¿Cuál es el teatro popular que se hace en Colombia hoy en día? Esta pregunta, esta duda, esta campana que repica, es la clave para retomar palabras y acertijos: lo popular en el teatro y el teatro en lo popular ¿Lo popular, por ser elaborado por el pueblo, o por expresar un punto de vista popular? El teatro popular es algo que hay que retomar, un pretexto que necesitamos para el encuentro. El teatro popular hoy en día puede ser bueno para la salud de don Teatro, quien últimamente se anda quejando de mucho mal de naturalismo, mucho ruido y pocas nueces.

En cada uno de los pueblos de este continente se están cociendo experiencias que, silenciosamente, han ido creciendo poco a poco. Hablar de narración oral como hecho escénico, de las cuatro claves fundamentales del actor festivo, de los actores como factores de fiesta, es hablar de algo que despierta el interés de quienes viven constantemente preguntando acerca del oficio. Por todas estas condiciones que actualmente atraviesa el teatro colombiano, se hace necesario retomar la discusión acerca del teatro popular.

Primer acertijo: lo popular en el teatro

Lo popular en el teatro se caracteriza por aportar diversos elementos que constituyen una variada y rica gama de posibilidades para la acción escénica: danzas, juegos, música, literatura oral expresada en sus diversas formas, parafernalia festiva, mitos, ritos y leyendas.

Lo popular en el teatro se manifiesta por el humor agudo que denuncia y satiriza la presencia del poder de turno. Humor que nace bajo el signo de la opresión y pervive bajo distintas morfologías guardando sus propias claves.

Las formas populares de juegos dramáticos han servido para preservar historias, mitos y leyendas. Son pantomimas primigenias que tienen el sabor de lo sagrado y el código exacto para revelar la historia. Como en la representación *kabuki*: actores y público conocen la clave.

Lo popular en el teatro viene manifestándose de una manera apremiante ante un teatro que no responde a las necesidades del momento. Discutir las necesidades del momento en los planos de la política, la ideología y la utopía, es una necesidad vital de la época. La discusión en el terreno del teatro es vivenciar los fragores de la fiesta. En esta vivencia que abarca vida y oficio, lo popular en el teatro gesta una síntesis que expresa de una manera viva y directa los aconteceres de una cultura híbrida que nos hace palpitar.

En el continente que nos caracteriza, uno de los rasgos fundamentales, esenciales de nuestra cultura, es la narración oral. Hay que devolverle al teatro su modo particular de contar nuestras historias: historias que hablan de los primeros tiempos, de los tiempos presentes, de los tiempos de siempre.

Lo popular en el teatro es contar la historia que revela la presencia viva, múltiple, mágica de los pueblos, con su ingenio, su ternura, su dosis de humor, su canto de vida y esperanza.

Lo popular en el teatro es la búsqueda, una posibilidad que hay que explorar, en la que hay que detenerse.

En el vasto territorio de la fiesta se guardan historias que revelan y conservan la síntesis de lo que somos y de lo que fuimos.

Lo popular en el teatro se manifiesta en hallazgos de sistemas y métodos para la creación artística. Hallazgos sustentados en la vivencia y observación aguda acerca de la naturaleza de las cosas.

Lo popular en el teatro se manifiesta en la ingeniosa manera como la «necesidad popular» resuelve los obstáculos económicos para realizar sus experiencias. La autogestión como fundamento para la producción escénica.

Sin duda lo particular en el teatro refleja—en el espejito que sabemos— el alma de un pueblo. El alma popular está constituída por muchas partes. En cada una de las partes del alma habita la trágica y la cómica. El hombre ha encontrado la manera de jugar fundiéndolas en una y creando la parte dramicómica del cuento. Este resultado crea su manera expresiva y aporta al teatro un modo de ser que nos sintetiza y revela.

Segundo acertijo: el teatro en lo popular

El teatro ha permanecido y permanecerá vivo mientras exista el hombre. La tragedia griega nos cuenta de dioses, héroes y hombres en comunicación constante. Allí la ternura, el amor, el odio, el poder, sintetizan el pensamiento del pueblo griego de esa época. Las pantomimas primigenias orientales narran y recuerdan epopeyas populares, la creación del universo. Ellos hablan de «danzas sagradas de celebración». Allí, el hombre que se expresa mima, juega con ser otro, usa códigos exactos, danza, canta y es parte de una historia viva. El teatro que se hacía aquí en este continente, guarda semejanzas y características parecidas, teatro precolombino, que llaman.

El teatro en lo popular registra de una manera viva el código y logra crear personajes que sintetizan y preservan rasgos fundamentales de ese gran «yo colectivo».

El teatro popular se ha manifestado en múltiples formas; desde las pantomimas primigenias hasta los juegos con danzas, creando formas teatrales donde los espacios no convencionales para el teatro florecieron.

EL teatro en lo popular se manifiesta en la obra shakespereana y la de todos los poetas que, a través de la alquimia creativa, han expresado un teatro que guarda el secreto de permanecer siempre.

El teatro en lo popular es hoy una necesidad para revitalizar una expresión de batalla contra las oscuras fauces del juego de la mercancía y la condición infrahumana en que el estado somete al creador popular.

El teatro en lo popular se expresa de diferentes maneras, porque es producido por el hombre. Así, hay los que se expresan en el teatro haciendo énfasis en las luchas sociales. Hay otros que trasplantan mecánicamente la experiencia, creando una condición realista que llaman costumbrismo.

Existe la rústica e ingenua expresión sintetizada en el teatro que hacen las gentes del pueblo, en los sainetes, mojigangas y otras formas populares de representación escénica.

El teatro en lo popular existe porque es un juego inventado por el hombre y las gentes del pueblo siempre han inventado la risa y la esperanza como antídotos contra el dolor y el desconsuelo. Así ha sido siempre. El teatro en lo popular es un compromiso para encontrar esa misteriosa huella que día a día nos acerca más y más al origen.

Tercer acertijo: el jedioncho diablo bebiendo y cantando.

En la mayoría de las fiestas populares de nuestro continente, aparece un personaje que sintetiza la picardía, la rebeldía, la alegría y el juego: es el diablo.

Paradoja extraña: el diablo que nos impusieron con cola y cachos, que en la religión judeo-cristiana representa el mal, lo terrorífico, el castigo, se manifiesta en estos eventos festivos simbolizando la energía vital y la alegría.

Es el diablo de este continente disfrazado con cola y cachos, el que nos estamos inventando en este Macondo loco y explosivo donde todo es posible por obra y gracia del cuento y... del diablo.

A San Antonio y Los Matachines se los llevó El Patas

Jorge Veloza Ruiz

Corrían los años cincuenta y así como la gente sabía cuándo vendría la luna llena, cuándo la menguante y cuándo la creciente, también sabía la fecha exacta de cada una de las romerías. La de Nuestra Señora de Chinavita, las de Monguí, Morcá y la Candelaria, la del Carmen de Leyva y ni hablar de la más grande de todas: la de Nuestra Señora de Chiquinquirá. Por ser apenas un chirrimplín y por estar sentenciado a trabajos forzados en la casa paterna, nunca me pude gozar siquiera unita, y tenía que conformarme apenas con ver bajar a los romeros por el camino en semejante algarabía y días después verlos subir en la misma, pero ya con la fiesta entre pecho y espalda. Me quedaba sí el consuelo de que todo lo vendría a saber por boca de María Valbuena, que no mancaba ni una, y en sus ratos libres oficiaba de jornalera en la finca de mis taitas, porque despuesito de las cinco, cuando alzaba de obra la peonada, la Valbuena hacía de su lengua otra fiesta y nos enteraba de todo lo que había sucedido y de lo que no también.

Decía que nuestras fiestas de Ráquira eran un bazar al pie de las grandotas de otras partes; pero al no poder estar en más, y con el perdón de ella, a quien mi diosito debe tener por ahí a su diestra alegrándole la vida, a mí me parecían una bendición; y así como el día de la semana que más esperaba era el domingo, por el pago de los «arriendos» con los que tíos y agüelos me socorrían y la visita de un culebrero negro que decía llamarse el Profesor Agualongo, los meses que más me alborotaban era junio y diciembre. El primero, porque me servía en la bandeja el carnaval de San Antonio; y el otro, por los rosarios y los matachines. Estos ágapes aún existen, pero qué va, casi que apenas de nombre, porque a San Antonio y los matachines se los llevó el Patas.

Cuando aparecía un hueco grandote en la mitad de la plaza, como esos que hoy en día se hacen para sacar petróleo, eran señas de que las fiestas de San Antonio de la Pared se avecinaban. No nos preocupemos por ahora de él, que más adelante lo metemos al cuento. El susodicho roto, agujero, hueco, foramen o hendidura, no venía solo; casi al tiempo, la junta de fiestas, capitaneada por el párroco, empezaba a cobrar en las tiendas y guaraperías el bono a la cerveza dulce y a la amarga, a la chichita y al guandiolo, y seguramente que ganas no le faltaron de que también a las colombinas y a los garbinches, pero de pronto el Divino Niño intercedió por nosotros los muchachos pecadores y le cayó mugre a la idea. Las adoradoras del Santo se encargaban de la cadena, que, por cierto, no era una vil cabuyita de amarrar gallinas, sino toda una guaya atada a dos señores palos de lado a lado de la carretera, así que el que quería entrar o salir del pueblo tenía que bajarse de su peaje «voluntario» o quedarse ahí orillado hasta que pasaran las fiestas.

De los bazares pro-fondos de San Antuco también se encargaban los feligreses; y así, de una y otra cosa iba saliendo la marmaja para ayudas de la parroquia y para la propaganda, la pólvora, los toros y los toreros, los palos y la cabuya para la barrera, la vacaloca, los globos, los festones, la banda, las verbenas y alboradas, los premios para las carreras de burros y encostalados, el campeonato de tejo, los concursos de coplas y lo relacionado con el hueco que sabemos.

En asunto de aportes, el que más llevaba del bulto era el prior de la fiesta, quien se distinguía por la llave dorada que colgaba de su santo pecho, como del tamaño de una guama grandota y con la que podía entrar donde se le antojara, incluyendo el reino de los cielos. Era el prior un cristiano que por promesa a San Antonio, con tal de algún favorcito especial, por ejemplo una finca baratica, un ganadito a mitad de precio, y así, se comprometía con él a cubrir todos los gastos de la parte «divina» del jolgorio, entiéndase parroquiales, y uno que otro de la parte «humana», porque a donde el prior llegaba, también grandes y chinos arrimábamos a goteriar. Ser prior era lo máximo, pero también un honor que costaba. Más de uno tuvo que realizar hasta su tierrita para pagar deudas de las fiestas. Sé de alguien al que la Caja Agraria le otorgó un crédito agropecuario y al que de nada le han valido todas las explicaciones que ha dado a la entidad, poniendo a Dios por testigo de fondos. Todavía como que le quedan por cubrir seis cuotas de la fiesta.

Eran cuatro días con sus noches de sana juerga, francachela y regocijo. Había que ver esas viejas vísperas: primero la coetada, luego que los castillos, casi siempre cinco, uno en cada esquina de la plaza y el del Santo en el centro. Este era el último que se quemaba y tenía un truquito para que, cuando estuviera más iluminado, soltara una descarga de truenos y luces de colores por todas partes y el Santo hiciera su solemne aparición en una tela que se desprendía de sopetón desde una caña brava traversa que aún no sé cómo el polvorero escondía en la parte superior. Este era el momento cumbre, el del máximo misterio, a todos nos descrestaba la aparición del Santo y ahí mismo le hacíamos la segunda, dejándonos ir de rodillas donde nos cogía el momento. No había manera de buscar un campito a gusto, sino que tenía que ser ahí mismo, cayera donde cayera y encima de lo que fuera, para sacarle espiritual provecho al hecho y por ahí derecho, ganar puntos con el hombre.

Terminados los juegos pirotécnicos, arrancaba la verbena con la banda o la murga y las fiestas más pequeñas que se armaban donde cualquier conjunto hacía sobar los palos o a los guabineros y guabineras les daba por desafiarse a echar cantas o coplas que llaman, en lo que podían durar los tres y hasta los cuatro días de corrido sin que nadie agachara la cabeza. Cuando así ocurría, pagaban las chichas en junta y quedaban casos para la fiesta del año siguiente.

Y si eso era la víspera, imagínese el día. El trece de junio se echaba la casa por la ventana. Desde lo que se llamaban alborada, hasta la alborada del otro día, la rumba era corrida. Pólvora ventiada, misa mayor , llamado al bando de la alegría, juegos, procesión, cacho, concursos, sainetes y ahora sí lo del roto: la vara de premio. Se escogía con tiempo el palo más alto del vecindario, se arrimaba con dos o tres yuntas de bueyes, se clavaba en el hueco que sabemos, se pisoneaba y luego don Pedro el guardialíneas del telégrafo se calzaba las espuelas y una cintuera y palo arriba subía a amarrar el costalado de premios y palo abajo se venía untándole grasa para ponérsela más difícil al que intentara llegar al costal. Por algo, mis paisanos decían que era más fácil coger un marrano enjabonado que llegar al cucurucho de la vara, pero, a punta de maneas, arena y aserrín, no faltaba el que la coronara.

En eso de las tres venía la corrida de toros, mejor dicho la corraleja de guarapiados, porque el que menos, con sus anatoles en la cabeza, se creía el tebas de la tauromaquia y, como el alcohol cumple con su deber , de lógica que no se iba sin su buen porrazo o, de lo contrario, la corrida había estado maluca y la fiesta por las mismas cuando no había habido unas cuantas bifulcas, trifulcas y polifulcas por hora. Los toros se remataban con la otra verbena. Baileteo por todo lado, amoríos en cuanta sombrita se prestaba, especialmente a la orilla del río, por los escondrijos que ofrecía y por tenerlo más a mano en caso de emergencia, que no fueron pocos. Más de uno prefirió correr el riesgo de morir ahogado que esperarse a que un energúmeno interesado a su vez «le interesara el píloro» con algún artefacto de la edad de los metales o lo dejara hablando con San Antonio en un abrir y cerrar de ojos.

El remate era por el estilo del día fuerte y si les digo que con más gana todo el mundo se gozaba sus restos y arrestos y después, como dijo T omasa, cada quien para su casa, incluyendo a San Antonio, el que por un año más regresaría a sus dos altares: el de la Iglesia casi al frente de San Isidro, y el de la pared, en la esquina de doña Tránsito. Por cierto que desde allí se le adelantó en muchos años a la banca moderna, ya que sus fieles y admiradores le podían consignar las limosnas a cualquier hora de las veinticuatro del día, las que, para no quedar de tentación demoníaca de algún pillín, llegaban por un embudo de madera derechito al despacho parroquial, para que el señor cura, su apoderado, las invirtiera en lo que mejor tuviera a bien. Por ahí rueda todavía un camioncito que fue de su reverencia.

Y de nuevo a contar los meses y hacer barra para que llegara diciembre con su alegría, mes de parranda y animación, aguinaldos, comilonas y medio días polvorientos, no porque el viento levantara siquiera una mincha de tierrita, sino por la reventadera de pólvora. Y era que, dependiendo de la cantidad que toteara, se sabía cómo iba a estar el rosario de por la noche, y de ahí que los priores de cada día se esperaban para ello, y en ocasiones ponían hasta seis polvoreros a elevar cuetes y reventar recámaras por lo menos un cuarto de hora. Decían algunos otrora combatientes, que la batalla de peralonso les quedaba en quimbas. Esta operación se repetía cuando las campanas daban el primero, el segundo y el deje para el rosario, eso sí, lo que apenas duraba el toque, porque, de lo contrario, habríamos quedado convertidos en un pueblo de pirosordomaníacos.

Y al son de los villancicos se venía al rosario con semejante bellezura de procesión, tejida por las luces de los faroles de colores, las antorchas de palo, tarro, trapo y petróleo, la parpadeadera de las velas y los cirios que los familiares de los priores del respectivo rosario repartían a don Raimundo y todo el mundo con derecho a llevarse el cabito para la casa o para alumbrarse por el camino. En cada esquina se hacía un descanso para aventar salves y más villancicos con cuanta cosa hiciera bulla. Y coplas y recitaciones y bailes, y , así, la procesión seguía entre uno y otro pellizco y cogidita de mano, entre una que otra cita o declaración de amorhasta llegar de nuevo a la Iglesia, donde el señor cura, luego de adoctrinarnos otra migajita, por fin nos dejaba salir al atrio y gozar de los matachines.

Aparecían como avispas por todas partes. Por allí se topaba uno con un diablo, por allá con un armadillo de tres cabezas, ora que con una calavera, ora que con la carramana, o con la vacaloca, o con el hijuemadrino del capirote que repartía zurriago a dos manos y hasta donde le alcanzara el brazo, o con la diabla mordelona que andaba con su amiguita de la vejiga de res inflada para estrellársela al que se dejara y por donde le cayera, con el agravante de que la retacaba arena y agua por dentro, de suerte que cada lamparazo era como recibir un balón pateado por una mula. Todo lo que se pusiera máscara o se disfrazara o se pintorreteara era un matachín y para torearles la gana y buscarles el juego uno les decía: «Matachín cachiparao, yo corriendo y él armao». Y a correr o a pagar escondederos. A todo el tropel que desfolgaban, había que encimarle el patirralo que de cierre se armaba de todos contra todos, sin límite de tiempo y a punta de tiples, requintos, riolinas, capadores, quiribillos, ocarinas, pitos, panderos y panderetas, chuchos y otros varios por el estilo.

Se bailaba el tres y el dos, la copa, la trenza, la manta, el torbellino, las perdices, la caña, la escoba, los moños, quemarle la cola al diablo y lo que cayera como cayera, el hecho era danzar, meterse en el cuento, entucarse la alegría. Muchos eran los hombres que alistaban con tiempo sus máscaras y disfrazados de mujeres se gozaban la rumba de lo lindo y a lo bien; el que más los incitaba, entusiasmaba y alborotaba era un hombre también de apellido Valbuena como María, Manuel, se llamaba, y a él precisamente jamás nadie logró identificarlo cuando se transformaba en matachín, ni siquiera su mujer. Sólo la muerte, la de verdad, que una noche, aprovechando la sobredosis de chirrinches que Manuel tenía en la cabeza, se las dio de juguetona y le pegó un empujoncito del atrio al suelo; el hombre, que no lo esperaba, cayó mal y nos dejó saludes y muchos recuerdos.

De pronto aquel día también comenzó la muerte de esas fiestas, que, por fortuna, alcancé a conocer en Ráquira, y que ahora, por desgracia, sólo existen en Arabita, un pueblo que me inventé para poder seguir viviendo.

Los Histriones
de la calle

Grupo Barrio Comparsa Teatro (Medellín)

La circunstancia estética del teatro callejero

Juan Carlos Moyano Ortiz

I

En las calles del siglo XX nace y muere la historia del mundo. La humanidad perece o sobrevive en cada instante cotidiano. La vida y la muerte se mezclan en la agitada confusión de los desiertos citadinos. La ternura y el peligro acechan en las esquinas. El espacio urbano envuelve, reta, obliga a reaccionar y muy a menudo aplasta y dispersa.

II

El teatro callejero es una tentativa para ejercer la libertad a partir del juego perpetuo de la comunicación creadora. Ha existido desde siempre: desde antes de la fundación de la primera calle. Su esencia remota transgrede los términos. T eatro y calle son palabras recientes, pero su significado nos aproxima a la noción de espectáculo abierto, a la tradición del círculo sagrado, a los primeros gestos y a las pantomimas primordiales. No se puede entender la estética del teatro callejero si no se involucran estos criterios. Lo ritual unía, permitía relaciones de convergencia, hacía trascendente lo efímero y temporal lo eterno. Le otorgaba fuerza indescriptible a los actos humanos: era el rito que potenciaba visiones y enfrentaba a los hombres con la imagen de sus propios símbolos. La comunicación se daba natural, humana y sagradamente.

III

Estados, doctrinas, personajes y tradiciones se han desplomado en pleno cruce de vías. En las calles se han propagado ideas, crisis, tensiones, fracasos e insurrecciones. Históricamente cualquiera está expuesto cuando va por la calle, y , sin embargo, el encanto de lo personal, socialmente visto, se diluye en las costumbres impersonales del comportamiento ciudadano: los individuos se ven conminados a la soledad, en el centro de un mar de muchedumbres. El desamparo nos protege y nos traumatiza. El aislamiento y la neurosis nos justifican y nos aniquilan. Hemos perdido la capacidad de ritualizar. La vida rutinaria es anodina, enajenante, esclava de los horarios y del pragmático desdén hacia lo humano. El rito es la posibilidad milenaria de ponerse en contacto con uno mismo, con los demás, con la naturaleza, sin violentar el libre curso de los deseos y la voluntad. Al contrario, estimulando la comunicación directa y el éxtasis sensorial, en procura de un sentido primario de correspondencia con el universo y sus amplios movimientos.

El rito no es forma fija: es ritmo, agitación, potencia elemental e impulsos vivos. Se ritualiza muchas veces en momentos profundos, cuando se ama o se agoniza, por ejemplo. Cuando se participa en furores o calmas, en reuniones festivas y en cierta clase de espectáculos que comprometen la sensibilidad activa de los individuos. En la vida ordinaria el «yo» condicionado nos hace sucumbir y las relaciones de uno con el mundo se revierten en banalidades y conveniencias fundamentalmente operativas, vacías, muertas. El arte, de alguna manera más bien indefinible, todavía conserva elementos que permiten convocar la atención de la gente y generar estímulos sensibles, secretos, creativos.

El «homo citadino» ha perdido contacto con el *sulcus primigenius* de su condición remota. En el arte a veces encuentra el sentido de su rastro. La ciudad hacina, restringe, fragmenta, controla, establece códigos y también nos oculta, y de vez en cuando, nos hace libres.

<h1 style="text-align:center">IV</h1>

El teatro callejero se ha desarrollado sin uniformidad, mimetizado en las variantes y en los contrastes de un desarrollo histórico que, por lo demás, nunca ha sido rectilíneo. Durante milenios y silencios el teatro, como acto a los cuatro vientos, ha logrado la alquimia de los sentidos y el pensamiento, el equilibrio entre la vida y el devenir del universo, en un espacio imaginario, en un tiempo paralelo, sustancialmente teatral. Ha estado asociado al humor y a la tragedia, en épocas diversas, como si fuera lo único capaz de iluminar las oscuras entretelas del alma humana. En todas las civilizaciones se han dado roles para aquellos que conservan el fuero de la risa, el aire de lo encantado y legendario, la dicha de los sueños y el hechizo de los cantos, sagas, cuentos y mitos. Han sido chamanes, poetas, funámbulos, bufones, alucinados, saltimbanquis, trovadores, juglares, cómicos de la legua o simplemente actores ambulantes; dependiendo del concepto cultural, del desarrollo de cada sociedad, de cosmogonías particulares, jerarquías sociopolíticas relativas a funciones no siempre iguales.

Tuvieron su época de oro en los andurriales secretos del Medioevo, junto a los alquimistas y a los preclaros de la ciencia experimental. Fueron la risa y la reflexión de aquella parte luminosa de la era escolástica, cuando el feroz oscurantismo de la Iglesia Católica Romana se oponía a los avances del mundo. Cobraron importancia en las aldeas, en los caminos, en las posadas, en los puertos, en los bosques para leprosos, en las cavernas habitadas por proscritos y en todo lugar donde fuera posible conspirar contra el puritanismo y el poder asolador de la casta poderosa.

Miles de ellos fueron asados en parrillas de escarmientos, en nombre de la sacrosanta razón de los déspotas, bajo la marca de la herejía, con el fuego de una cruz de ceniza, violenta y asesina. Otros, sobrevivientes tercos, antecedieron y conservaron lo que siglos más tarde los asombrados románticos llamarían *comedia del arte.*

V

Siguieron apareciendo como un magma sin forma definida, cada uno con identidad intransferible. Se entrecruzaron por los vértices del peligro o se extraviaron en la intuición de la vida alegre y pagana; siendo los mismos personajes que siempre habían sido: arlequines, malandros, payasos, magos, volatineros, mimos, contorsionistas, faquires, artistas marginales. Encantadores de serpientes o inventores de sueños. Hábiles acróbatas del aire y del verbo. En el siglo XX han sido perseguidos, apedreados, denigrados y puestos de cara al patíbulo. Críticos nefastos, funcionarios de mentalidad estrecha y políticos de distinto carácter y rango han atentado contra la libre expresión de los artistas callejeros. Sin embargo, puede asegurarse que no son mártires y que tampoco ejercen ninguna clase de apostolado. En más de una oportunidad son vividores y se fingen encarnaciones para burlarse de los indecisos y de los creyentes atribulados.

Pero aún en estos términos, es posible, entre charlatanes, dementes, lúcidos, serenateros y secretistas, encontrar indicios de un arte imprecisable y evidente, que toma como eje el juego de las palabras y se proyecta socialmente en una praxis del orden estético y hay cosas, por supuesto, de alto desarrollo: donde vive la fuerza lúdica y la potencia creadora de una tradición sin nombre, caótica y herética, nueva y milenaria. Conocida actualmente como teatro callejero y recuperada por infinidad de expresiones que van desde la música a la plástica, del teatro a la poesía, de la vida cotidiana a los juegos de juglaría.

VI

La cultura de postguerra en el mundo entero está fijada por la constante de crecimiento urbano desordenado y por la aguda crisis de la conciencia establecida. Esta es la época de las megalópolis, la polución y la amenaza radioactiva. Somos engendros nacidos en matrices de cemento, acostumbrados a consumir bióxido de carbono, enlatados, deficiencia, enfermedades sicosomáticas y noticias fríamente calculadas. Las calles son canales de un agitado sistema sanguíneo de costumbres y desatinos. Hay espacios infrahumanos y perturbaciones sicógenas masivas. La miseria abunda y redefine constantemente los niveles progresivos de histerismo y peligrosidad. La calle es el hábitat de miles de indigentes y desarraigados. La extensión sociofísica de la calle es afectada y adquiere una dimensión crítica, en relación al todo que componen los procesos sociales.

La calle, entonces, deja ver la naturaleza de un tiempo donde los conflictos de clases son extremos e inevitables. Los trazados de las avenidas y la arquitectura de la urbe revelan las pugnas y los impulsos de un desarrollo sociocultural inconcluso e inflamable. Las calles han gestado una cultura, una simbólica y una política. La primera paranoica, la segunda exuberante, casi mítica, y la tercera complicada y proclive a la violencia. Las calles han propuesto su lenguaje y una noción distinta del fenómeno teatral.

VII

Somos entes callejeros, condicionados por la exactitud de los ángulos rectos y por la áspera construcción de las costumbres modernas. Entre cada hombre y su sombra se ha levantado un muro. A veces, sin embargo, ninguna consistencia soporta la fuerza demoledora de la risa. Junto a la abrumadora expansión de la urbe ha crecido la posibilidad de recuperar la vida. Es una consecuencia lógica de la sensibilidad humana, esencialmente lúdica y subliminal.

VIII

Las calles procesan siglos y segundos en instantes decisivos. La historia nos sorprende atravesando una autopista o el aire se nos fuga en cualquier callejón sin salida. Por las calles danza una cultura densa, que sintetiza la sicosis colectiva, la obsesión compartida, aquello culturalmente vasto y contradictorio que, en determinado momento, podría identificar los códigos expresivos de un conglomerado. Es la sustancia pegajosa, chillona, alegre y trágica que compone la estética del teatro callejero actual.

Una estética ruidosa, descordenada de la razón cartesiana, impregnada de pasiones, claridades y tinieblas. Una estética sin la ética de la razón impura y sin los apriorismos morales de un sistema de ideas con axiomas parciales y prejuicios adoptados como principios.

Porque no tiene complejos de culpa ni necesidades de definición y por lo tanto tampoco requiere permisos para existir Es una estética insobornable, mixta, que nos coloca en un espacio donde las relaciones cambian y propician momentos y períodos para despistar las congestiones del hastío.En ella, ilimitada e inescrupulosa, se han incubado propuestas y reacciones que han sacudido el escenario del asombro contemporáneo.

I X

En la década de los sesenta el *happening* reventó los espacios rutinarios y agitó las banderas de la libertad creadora. El teatro de agitación y propaganda fue compatible con las oleadas ideológicas y de fervor político de una esperanza que a veces asomaba en una forma valerosa, como sucedió con Cuba y Vietnam, encendiendo calderas y avivando las furias renovadoras de la juventud radical en Europa y Estados Unidos. Se trataba de una generación escandalosa y beligerante que organizó barricadas, estimuló huelgas, estigmatizó la ideología dominante y exigió cambios en el aparato estatal. De aquel hervidero de consignas, olores prohibidos, catecismos políticos y pensamientos subversivos surgieron espectáculos memorables y personajes inmortales que se destacaron en todas las expresiones artísticas de su momento y que todavía hoy viven, a pesar del eclipse y de la pérdida de raíces. Porque el establecimiento abominable terminó acogiendo las necesidades del margen y los combatientes del 68 envejecieron muy rápido, se volvieron ortodoxos, cayeron en el escepticismo sin fondo o encontraron refugio en el misticismo caótico. Otro tanto sucedió con las experiencias puramente políticas, camufladas con rudimentos teatrales.

Terminaron en la asfixia y en el vacío, igual que los propósitos de los partidos políticos y de las sectas religiosas. Había formas, aparatos, doctrinas y teorías, pero no existía el rito: el ritmo ya se había vuelto una reiteración racional, en serie, automática, frustrada, absorbida.

Salvo algunas excepciones que han sabido mantenerse con el paso de la vida, en el camino de una estética sin pretensiones comerciales y sin prejuicios ideológicos. Es la herencia del *underground*, huidiza, perturbada, averiada por el tiempo.

X

En Colombia las avenidas a veces parecen caminos de herradura y las autopistas suelen conducir a trochas que se pierden en la memoria cercana de un pasado campesino y de un antepasado nativo. Sin duda que la vertiente de la cultura occidental no es la única que nos circunda. Étnicamente somos una combinación de tradiciones evolutivas, orígenes diversos y genes de procedencia universal. El proyecto de vida occidental ha fracasado. El bilenio que termina es la culminación de un camino errático, lógico, necesario. La crisis supranacional del mundo establecido ha dejado ver la radiografía del desequilibrio apocalíptico. Esto, en procesos complejos y repercusiones naturales, estimula las partículas genéticas y despierta una memoria sensorial que subyace en los instintos y en los reflejos condicionados del *inconsciente colectivo*.

Grupo *Loca Compañía*, comparsa *Sun Rise* (Armenia)

85

Otras luces alumbran: visiones ricas, no despreciables, coherentes, útiles en ciertos casos que no suponen ninguna clase de regresión histórica. Es imposible dar marcha atrás en la espiral expansiva de la historia humana. Somos herederos de todas partes y de este sitio donde conviven simbióticamente el jaguar, la anaconda y la presencia enorme del siglo XX. Sólo los dogmáticos de la nueva escolástica pueden intentar desconocer la interacción étnica, biológica y cultural, de acuerdo a ciertos períodos cíclicos perfectos, en el espacio y en el tiempo. No es que carezcamos de la formación occidental. En cierta forma somos occidentales y eso es imposible de revocar.

Además, ésto no es desventajoso, en ningún sentido. Es una realidad histórica, sencillamente, sin la cual nosotros no existiríamos. Pero hay que entenderla, descifrarla, asimilarla y procesarla en sus virtudes y reveses. La ciencia es imprescindible, pero las ansiedades bélicas la han vuelto peligrosa. La enemistad irreconciliable es entre las fuerzas de la vida y los gobiernos, entre la alegría y los ejércitos. Ciencia y poesía van más allá de la estética y la tecnología. Son la unidad que podría vislumbrar los procesos cognoscitivos de un futuro inconjugable. Por ahora, baste plantear que nuestro *elixir vitae* garantiza la existencia de la dicha, de la rumba, del ritual. Es el poder expresivo del pueblo. Es la cultura imputrescible que ha permitido que ciertos vestigios antropológicos sobrevivan, metamorfoseándose constantemente, sincretizándose para siempre en una mónada indisoluble de mutaciones sin fin.

XI

Durante el período conocido por la historia oficial como la «violencia», las masas campesinas huyeron en éxodos prolongados hacia la «tranquilidad» terrible de las ciudades. Trajeron su pánico, su trauma, sus costumbres ancestrales y sus fuerzas míticas. La cultura urbana se nutrió de su fuente casi inagotable. Los nervios de la ciudad se juntaron con la desnudez de las fibras de una ruptura cultural sin antecedentes. Los substratos del *corpus* callejero se llenaron de mitos, leyendas, pesadillas y sospechas. En los parques aparecieron los culebreros, los indios, los vendedores de hechizos, los vagabundos, los locos, los descrestadores y los sabios. A toda esta conjunción se sumaron los resplandores de la publicidad y la vertiginosa marcha de los últimos años, después del *underground* y después, por supuesto, de la efímera rebelión nadaísta. Nuestros afluentes nos conducen a reversos y anversos no imaginados. Nuestra estética se nutre no sólo de ideas, sino también de olfato y malicia. El Bread and Puppet, el Living, el Odin y otros grupos internacionales han mostrado hallazgos y han compartido pasos. Pero la cantera realmente ha sido la cultura viva en ese territorio del mundo, donde lo remoto y lo inmediato confluyen en un punto situado en el relativo presente exacto; donde se revuelven opiniones, ideas y opciones. Carnavales, verbenas, velorios, narraciones, aires musicales, vientos inmortales y presagios, se han constituído en médula ritual de la comunicación escénica. He ahí la diferencia con la mecánica racionalista y el probable punto de apoyo de una poética contemporánea latinoamericana. No es, como puede deducirse, un punto de vista folclorista o antropológico. Es otra cosa, que no fragmenta, que recupera espacios y se desarrolla en forma espontánea y libre. Es la raíz honda de una *circunstancia estética.*

XII

He crecido entre la violencia citadina y entiendo su lenguaje. He aprendido que el tiempo va más rápido por las vías transitadas y que se detiene hasta difuminarse en los lugares apartados. Soy un vástago representativo de las inquietudes pestíferas de mi tiempo. Un inquilino de finales de siglo, propenso al espectro estético de un ventarrón histórico que nos acerca y nos convoca para complotar en compañía, desconociendo el lastre de las verdades unilaterales y el monopolio de la razón. El racionalismo es un método producido en un momento determinado de la historia del pensamiento europeo y presenta las relatividades de todos los métodos. Hay otros mecanismos útiles para aprehender sistemáticamente un orden de ideas y efectuar un análisis pertinente. Las posibilidades metódicas, realmente, son innumerables y se acomodan a situaciones generales más específicas, de acuerdo a códigos de pensamiento y a las nociones reflexivas de cada individuo o de una comunidad, en un momento dado. He visto la disputa callejera entre grupos, galladas, combos, bandas y núcleos heterogéneos; a veces cerrados, a veces abiertos, pacíficos o agresivos. El alcohol, la droga, el crimen y la miseria, han sido factores de predominio sociológico y determinación cultural. Las calles han refugiado la decadencia, el ostracismo y las angustiosas tensiones de la sociedad de consumo. Pero en las calles también ha brotado una estética insolente, cálida, sonora, amplia y agitada.

XIII

Los actores ambulantes liberan los espacios y rompen la rutina. Se apoderan de la risa y la extienden sin precauciones por las calles del siglo XX, mientras nace y muere la historia del mundo.

El actor callejero

Mario Matallana
1984

Han transcurrido varios años de trabajo, de experiencias, de confrontaciones, de alegrías y tristezas, de anhelos y frustraciones, de vida y sueños. ¡Sí, sobre todo de sueños! Sueños compartidos en los escenarios de la vida, calles, parques, plazas y avenidas, transitando como gitanos del teatro, de barrio en barrio, en pueblos, en ciudades y en países. Representando nuestros espectáculos al aire libre, creando un público comunitario para establecer una relación de comunicación, participando conjuntamente, actor y espectador, de una celebración, de una fiesta que origina la doble ficción: el teatro y el público, para conformar una comunión en el teatro al aire libre, aparte de llevar a este mismo público entretenimiento y diversión. De esta forma el teatro es útil para el hombre, física y espiritualmente, y satisface con su magia una necesidad lúdica que todos llevamos dentro, que permite hacer la vida un poco más fácil y placentera.

Ensamblaje Teatro (Bogotá)

Siempre regresamos al mismo círculo obsesivo de nuestra vieja casona del barrio Egipto, cuyos fantasmas diariamente pasean tiempos idos. Allí, encerrados en ese espacio, trabajamos en mutua complicidad, tejemos días, meses y años nuestra comunidad teatral y construímos la escuela para el actor como la escuela para el hombre completo. Definidos como actores ambulantes cubiertos de incertidumbre, al margen de lo permitido, de lo establecido, de los gustos y estilos de la sociedad de consumo y de la moda. Allí, aislados temporalmente para dedicarnos al quehacer teatral, para entrenar diariamente el cuerpo, la voz, el gesto, las emociones y los sentimientos, para preparar nuestros espectáculos mediante una disciplina impuesta voluntariamente por cada actor. Un actor transformado en un especialista de la acción estética, en hombre calificado. Esa podría ser nuestra actitud profesional frente al trabajo, porque ha sido la opción voluntariamente elegida, de dedicación, de entrega.

Somos un grupo de personas empecinado en luchar diariamente por sobrevivir en medio de limitaciones económicas, en busca de un espacio vital propio en la sociedad, para compartirlo con otros empeñados en algo similar

Para muchos nuestro trabajo no significa nada importante y lo ven como algo innecesario e inútil; es más, dicen que lo que hacemos es una actividad de gente «rara», que «parecen locos», que somos insensatos, que nuestro oficio «es poco lucrativo», dicen nuestros padres; pero no alcanzan a comprender el valor esencial existente en la actitud que genera estos prejuicios. Por eso es que vemos la necesidad de seguir indagando sobre el mundo y la vida del actor

Resulta entonces que el teatro es un vínculo entre la afirmación de una necesidad personal y el mundo que nos rodea; es algo que determina nuestro oficio y va más allá de nuestra propia persona en relación con la sociedad. Nuestro trabajo es la exploración y el esfuerzo por definir nuestras necesidades, inquietudes e ideales, transformados en un producto artístico, aunque la mayoría de la gente nonecesita de nosotros y mira nuestra profesión como algo superfluo; pero nuestro trabajo es una forma de reflexión social que parte de nosotros mismos y se relaciona confrontándose con la experiencia del mundo de nuestra época.

En nuestro teatro cada representación, cada espectáculo presentado al público es una forma de ser, de estar presentes, un deseo de expresarnos con el teatro, con nuestra profesión. Por esta y otras razones nos seguimos preguntando, diariamente, sobre la utilidad real de nuestro trabajo en la sociedad y si tiene algo de útil, a quién interesa, y si el público nos necesita verdaderamente. Cada representación expresa, también, nuestro deseo de comunicarnos con plena libertad, sin barreras ni acondicionamientos, libre y sinceramente, despojándonos de máscaras sociales que arrastramos como un lastre. Es una forma de revelar nuestro conflicto humano con la esperanza aún no perdida. En fin, es el testimonio de lo que somos y soñamos ser . Pero ante todo el teatro es convicción y compromiso en el trabajo diario y en la vida. T odo lo que el actor realiza hace parte de los acontecimientos de la vida y pone evidentemente en juego todo su esfuerzo vital cuando se encuentra frente al espectador. Cada vez que hacemos que la gente vea y se impregne de nuestras sensaciones y sentimientos, logramos romper con el tedio, la dictadura de la rutina y la cotidianidad enajenante de las oficinas, de las calles y avenidas de la ciudad; transformándolas en espacios libres para la imaginación y la poesía, nos damos cuenta que el hombre cotidiano sí nos necesita.

El trabajo del actor nace y muere con él después de cada representación. Somos algo así como el vuelo de un pájaro en un bosque solitario. Damos un hálito de impulso, de estímulo, una posibilidad más de vida. Combatimos nuestra soledad y nostalgia con imágenes de sueños y recuerdos, inventamos un mundo efímero para vivir la vida y muerte como ilusión y realidad, como un instante eterno.

Somos víctimas de nuestro propio invento: el teatro perseguido y añorado, censurado y exaltado, cruel y dulce, que debe llegar a los sentidos y al corazón de los que lo ven. Un acto de magia que transforma el tiempo y el espacio. Somos amos y esclavos del mundo y de la vida, de la realidad y la fantasía. Podemos transformarnos en un pro-yecto, en un ejemplo de lo que se quiere, y cada representación es una posibilidad de encontrarnos. Sentimos y somos como el teatro a la vida y la vida al teatro, el teatro como un punto de unión entre el hombre y el mundo, el hombre y la cultura, el hombre y la sociedad. El actor es un creador que va más allá de la realidad, atravesando el umbral de lo real, para entrar en el mundo de la ficción.

Así concluyo que el teatro no tiene ni debe tener reglas ni normas que lo limiten en su creación. En contraste, el actor debe regir su cuerpo, su voz y su expresión por unas reglas, unas acciones y reacciones muy precisas, que debe conocer para manejar y controlar su energía, su presencia física, para luego superarlas hasta conseguir elimi-narlas con el fin de fluir libre, natural y espontáneamente.

En el teatro lo substancialmente ético está en la dimensión del actor y la realidad
común de todas las experiencias teatrales tiene su centro en el actor. Amo y odio al
teatro como a mí mismo, vivo y muero en el teatro como el destino vive y muere en
la existencia. El arte del actor es el amor al teatro, como el amor que lleva al acto de
la vida.

La música en el teatro callejero

Beatriz Calvo Cifuentes
1984

Introducción

Andariegos, creemos y buscamos las maravillas de la música teatral en el mundo
mediante el cuestionamiento de nuestro teatro. Sabemos que la música es de vital
importancia en él, no sólo por las motivaciones que ella permite, sino por su posibilidad de
comunicación.

Partimos de algunos recursos musicales que se sustentan en nuestros orígenes culturales. Conjugando aportes de maestros folcloristas (Jaime Barranco, Guillermo V a-
lencia S., Guillermo Abadía) y egresados del conservatorio, hemos llegado a la cumbia,
el bullerengue, mapalés, currulaos, sanjuaneros, porros, bundes, marchas, batucada, etc.

Vislumbramos un punto de partida: mi música puede hacerte sentir una acción gánica.

No revivimos el cadáver de nuestros abuelos. Nuestras raíces son el punto de origen
del sentir que reivindicamos y transmitimos con la música. Desplegamos con ella toda
la gracia y comunicación de que somos capaces. Cada día pretendemos renovar nuestro acervo e, intuitivamente, nuestra realidad musical se va transformando.

Evocación histórica

Fruto de nuestro medio ambiente urbano y bajo el influjo de diferentes corrientes en
nuestro país y nuestro continente, surge nuestra música. Podríamos hablar de un tipo
de música especial que, en términos de teatro, tiene un profundo significado, si tenemos en cuenta su origen callejero, su acento rítmico y el atractivo sobre cualquier
persona que es «tocada» por ella.

Hemos retomado para recrearla, la música de las bandas de guerra: a partir de refe-
rentes sociales e históricos en nuestro país, hemos investigado la presencia de una
serie de personas que, ataviadas con vestuarios de colores y formas atractivas y
uniformes, desfilan en orden estricto por las calles de las ciudades y de los pueblos,
entonando melodías de origen marcial, popular y circense. Existe un lazo de comunicación muy interesante entre los curiosos que se dan cita en Bogotá para ver el

«cambio de guardia» y caminan detrás del cortejo y a los lados, marcando el ritmo con sus pasos, mientras observan los vistosos uniformes. Fuimos testigos de cómo en los pueblos, ciudades pequeñas y barrios, las bandas de guerra de colegios irrumpen en la rutina y obligan a la gente a dejar sus labores y a los niños a seguir el desfile, que en oportunidades es un ensayo o un despliegue a manera de celebración religiosa o patronal. La naturaleza de la música de «banda de guerra» y su efecto alterador de la cotidianidad de la calle nos sirven para nuestro propósito escénico de irrumpir con alegría y provocar a nuestro futuro espectador , usando el atractivo esencial de esta música.

En medio de situaciones intuitivas, hemos llegado a las bandas pelayeras, cuyo origen se encuentra en el valle del río Sinú (departamento de Córdoba). Narran los sinuanos, la gente más autorizada para hablar de pelayeras, lo siguiente, a propósito de su nacimiento:

La primera banda se forma en San Pelayo en el año de 1906, cuando, a instancias de músicos de otros lugares, como Alejandro Ramírez Ayazo (de Montería) y Pablo Garcés (de Purísima), se recogía determinada suma de dinero que era entregada a un señor que en aquella época practicaba el contrabando. Diógenes Galván viajó a Panamá. Salió de San Pelayo en 1903, pero le robaron el dinero, por lo que se tuvo que quedar trabajando para recuperarlo. En 1905 fue recibido y paseado en hombros por la población. No sólo recuperó el dinero, sino que trajo el instrumental para la primera banda que integró.

Este acontecimiento marcó un hito en la historia musical de Córdoba. Hombres con una tradición cuyo origen es difícil de establecer, empezaron a familiarizarse con los instrumentos de metal. Sólo se conocían los pitos largos y atravesados, las hojitas melódicas, pitos de papayas, tambores y gauchos. Ahora asimilaban los instrumentos de metal, procedentes del antiguo continente: clarinetes, trompetas, bombardinos, trombones, bombos, cajas y platillos que reemplazarían los pitos de carrizo y caña fina. La pregunta obligada es: ¿cuáles fueron las primeras piezas musicales que interpretaron? No creemos que los integrantes de esta banda tocarían los instrumentos en desorden y que cada uno saldría ejecutando piezas musicales. Así, a partir de 1906, se inició la banda «Peor que nada». La llamaron así, porque al principio carecía de repertorio. Sólo tocaban un número: «El porro viejo pelayero» (1907-1908).

Existe en el interior del país una variante de banda cuya principal pieza musical es el sanjuanero. Y nace de la necesidad de amplificar el sonido con vientos que amenicen las corralejas. Es costumbre en los pueblos del Tolima y Huila, principalmente, celebrar el 24 de junio, día del San Juan cristiano, con una semana de fiestas que empiezan «la víspera» y terminan el 29, día de San Pedro. Incluyen las quemas de pólvora, reinados, corralejas, desfiles de disfraces y comparsas, cabalgatas y formas de representación teatral popular, todo acompañado de música festiva y muchos colores. Es común escuchar muchos conjuntos de tambora o bombo, carraca y tiples, guitarras y bandolas (eventualmente) o requintos; en diferentes lugares del pueblo o en diversos ángulos de la plaza central o del lugar en que se construye la corraleja, tocan el aire especial para esa celebración: el sanjuanero. Los ejecutantes son gente del pueblo dedicada a diferentes oficios. El sanjuanero así ejecutado presenta dificultades para abarcar un espacio grande, como el que necesita un evento especial: la corraleja, que precisa de una sola banda tocando en un espacio de tiempo determinado. Así, se cubre la necesidad con los instrumentos de viento metálicos, permitiendo la actuación de una sola banda que puede ser escuchada por más gente y abarca más espacio que el conjunto tradicional; está compuesta por el bombo, platillos, redoblante, trompetas, clarinetes, saxofón, tuba, bombardino, trombón, y es ejecutada por gente un poco más especializada: músicos reconocidos que alternan su trabajo, generalmente oficios artesanales, con música y bebidas embriagantes en la época de fiesta. De este modo hemos rescatado y retomado el espíritu festivo y popular de estas bandas, para nuestro teatro.

Hay otra variedad de bandas, originadas en la región andina, cuyo festival se celebra anualmente en Paipa (departamento de Boyacá). Estas bandas, aunque tienen la misma conformacion instrumental, interpretan más bien aires folclóricos de los Andes colombianos y piezas representativas de nuestro mestizaje hispanoamericano, por ejemplo el pasodoble.

La cumbiamba es otra expresión musical con la que enriquecemos nuestro ámbito teatral. En algunos pueblos de la costa atlántica y en Barranquilla, particularmente en el carnaval, encontramos conjuntos de tambora, alegre, llamador y guache. En sus orígenes rituales, encontramos que la cumbiamba era parte musical de la ofrenda o agradecimiento a los dioses por los beneficios recibidos por una comunidad. En la ceremonia existía la activa participación de los presentes. Por la situación geográfica de la costa atlántica y con la esclavitud africana, se constituyó una cultura afroindígena, que está en la base de la comunicación rítmica y melódica de las cumbiambas. Enraizada en su origen, encontramos la habilidad tamboril, procedente de Africa, los pitos indígenas y el vestuario hispánico: en un pueblo corriente existían personas que dedicaban sus ratos libres a tocar tambores construídos con sus propias manos; quizás en algún momento llegaba a la plaza principal el llamado, mezclaba su monótono ritmo a los ruidos nocturnos; de otra casa salía un hombre alegre y se unía a golpe seco, jugando e improvisando dentro de la base rítmica, y entonces aparecía la tambora indígena contestando lúdicamente al alegre y entremezclando sus sonidos de madera y cuero. Esta pieza rítmica era completada con un contraritmo del guache o maracas y los pitos, flauta de millo o gaitas. Aún subsisten estas cumbiambas, a pesar de la paulatina extinción a que se les ha sometido a través de la historia. Aún obedecen a una celebración religiosa, naturalmente cristiana (Santa Lucía, La Concepción, San Pedro, La Trinidad, La Natividad, etc.), pero constituyen la diversión nocturna obligada para estas fiestas. Músicos y bailarines acompañados por un gran número de espectadores, alejan a los niños y comienzan la fiesta...

Reflexión

El origen de estas manifestaciones populares, emparentadas con la calle, su extraordinario influjo sobre la gente y la peculiaridad de su nacimiento, fueron motivo de nuestra curiosidad inicial, que culminó con una investigación en el año de 1980, con ocasión de la gira nacional del Teatro Taller de Colombia; esta investigación se sistematizó posteriormente en nuestro grupo de música y hemos concluído que, en nuestro teatro, es necesario atraer al espectador y capturar su atención; ésto, como premisa fundamental.

Partimos del principio de que a cada acción corresponde un sonido y que la voz es una prolongación del cuerpo. En los estadios iniciales del ser humano, observamos que el movimiento natural hace nacer un sonido espontáneo y libre. Cuando en nuestro teatro afrontamos esta correlación, improvisamos partiendo del actor que ejecuta una partitura de acciones en el espacio, expresa y transmite una emoción o sentimiento; los observadores actores-músicos retoman la acción y le imprimen el mismo sentimiento expresado musicalmente. Ocurre en ocasiones el fenómeno inverso: en una escena o un cuadro determinado existe una música definida que obliga al actor a obedecer sus convenciones traducidas en su cuerpo, gesto y voz.

Habrá momentos, eventualmente, en que la música se convierta en un personaje propio o que contraponga su sentimiento al de la escena.

Resulta de esta conjugación, un postulado que se podría enunciar así: nuestra música obedece a nuestro teatro y viceversa, y músico-teatralidad es la ofrenda para el espectador.

En nuestra música partimos de una base rítmica o de una melodía conocida para enriquecerla y recrearla. Acudimos a la música llamada folclórica, porque nuestros puntos de partida musicales eran inciertos. A propósito de «la moda», debemos decir que ignoramos en nuestras creaciones su influjo y en la representación establecemos un vínculo de vida con el espectador; y para ello no acudimos a lo superficial de moda.

La voz

Es importante hablar acerca del trabajo vocal. En nuestro teatro existe una utilización mínima de la voz: aspectos técnicos del teatro callejero y la presencia de un rico presupuesto de sonidos pre-determinados han impedido el desarrollo pleno de nuestro trabajo vocal; sin embargo, la voz es nuestra preocupación presente.

En escena la voz es puesta en canciones a manera de coro narrador, trabajando desde un comienzo de manera colectiva: existen propuestas iniciales que son retomadas por un coordinador musical, quien elabora una propuesta de montaje, que sigue la vía natural de una puesta en escena colectiva. Ensayamos los coros de manera sistemática: disponemos de la melodía y la base rítmica y armonizamos conjuntamente.

En ocasiones es necesario trabajar uno por uno y buscar posibilidades y motivaciones vocales.

Existen también canciones de personajes, cuya propuesta surge directamente del actor y es concebida dentro de su experimentación vivencial. Si existiera alguna necesidad musical adicional, el actor-músico debe elaborar una propuesta y probarla en un ensayo. Además, podríamos enumerar otra clase de trabajo vocal en nuestro teatro: los parlamentos y los efectos sonoros.

La música permite una interacción con el público: las motivaciones emanadas de un sonido, una melodía o un ritmo, crean lazos invisibles conectados a los nervios del espectador. Por ejemplo, apreciamos la transformación de un ritmo propio de fiestas populares de carnaval al ámbito de una puesta en escena.

Nuestros parlamentos son un monocorde de viento y percusión. Tenemos la certeza de que la voz humana es un instrumento capaz de producir las más asombrosas gamas de sonidos, matices, emociones y notas musicales. Cuanto más sabemos de la voz y de sus leyes, más podremos utilizarla plenamente como medio expresivo.

Afinamos partiendo de un acordeón de teclas, que nos da algunas octavas de piano. Nuestro calentamiento vocal, antes de un espectáculo, ensayo o entrenamiento, es breve y consciente de no maltratar, malgastar, ni disminuir las posibilidades de la voz en un espacio al aire libre.

De la sala musical a la calle musical

Mientras en un recinto cerrado el teatro se permite la simple motivación musicalizada, basada en un diálogo entre el espectador sentado cómodamente y con la obligación de permanecer así hasta el final del espectáculo que desconoce y al que entró previa cancelación del valor de su boleta; y el actor que cuenta con recursos luminotécnicos espaciales y ambientales, que posibilitan la concentración de ambos, en la calle el actor debe luchar contra los ruidos inherentes a ella (fuentes, carros, pitos, etc.) e integrarlos al discurso escénico; es indispensable, además, establecer un vínculo vivencial muy profundo entre la músico-teatralidad y el espectador para asegurar que se imprima una huella imborrable de la obra en el espectador.

Reseña de la historia de la música en el teatro

Las formas primitivas del teatro en el mundo están íntimamente ligadas con la música y la danza. La música ejecutada inicialmente con elementos naturales (piedras, frutas, pieles, troncos, semillas, etc.), vinculando la mágica y misteriosa fuerza de la voz.

Tenemos noticia de tambores, flautas, cascabeles, panderos, que los músicos partos y sasánidas interpretaban en Egipto y el Medio Oriente. Existían en Egipto, además, textos funerarios cantados y recitados.

En el segundo milenio antes de Cristo, en Mesopotamia se celebraban las sagradas nupcias entre un dios y el hombre, acompañadas de pantomimas, canciones y música ejecutada con arpa, que convertían el banquete colectivo en un gran espectáculo religioso.

En Turquía existe un referente musical en el teatro, en donde los músicos, provistos de oboes y timbales, se disponían en cuclillas en la periferia del escenario.

Así mismo, en el teatro hindú de los años 600 se habla de que en el proscenio actúan danzarines y actores; tras la cortina se encuentran los guardarropas; desde aquí y ocultos al público, se llevan a cabo los efectos sonoros: voces de los dioses, tumultos, ruidos de lucha, etc.

Es en China donde quizás se encuentran más referencias musicales como indicio de la teatralidad. Encontramos la ópera de la época Ming, la famosa ópera de Pekín, etc.

A finales del siglo VIII surgen en el Japón las danzas del Bagakú, estrechamente ligadas a la música china de la época T'ang; con atabales, címbalos y flautas, los músicos se ubican en dos grupos: los danzarines de la música de la izquierda y de la derecha, una distinción originada en la colocación de los músicos a ambos lados del podio escénico.

En Grecia, al pie de la Acrópolis de Atenas, el coro rodea la orquesta y, según Heródoto, hubo coros de cantores con máscaras de macho cabrío desde el año 600 antes de Cristo.

Arión, que vivió en la corte del rey corintio Periandro, dispuso a los machos cabríos cantores en forma de coro de sátiros que acompañaban los cantos con pantomimas. Thespis introdujo una variante en estos coros, se presentó como solista frente a los sátiros y mantuvo un diálogo con ellos. Esquilo, Sófocles, Eurípides y Aristófanes continuaron esta tradición coral narrativa en sus tragedias. En la época helenística, junto a los textos mímicos en prosa, existían las mimodias cantadas, antecesoras remotas del cuplé.

En la Edad Media tanto las celebraciones religiosas como la escenificación de leyendas admiten una musicalización propia del país de origen.

Por el año 1200, en el viejo continente, surgen cientos de juglares, histriones, cantores y músicos ambulantes, quienes, acompañados del laúd y música de cuerdas, representan sus comedias y farsas.

En el barroco, siglos XV y XVI, nació la ópera. A la palabra y al verso, a la imagen y al cuadro, a lo fantasmagórico y a los objetivos pedagógicos vino a sumarse también el empleo de la música, que, de elemento concomitante de la escena teatral, pasó a ser un arte más, con sus propias leyes.

Durante la época burguesa, desde el siglo XVIII hasta el presente, la música ha sido un adorno de la escena.

Algunos grupos como el Roy Hart Theatre, el Odin Teatret, el Teatro Núcleo, el Tascabile, el Bread and Puppet, la Tartana, el Sheer Madness y otros, constituyen la nueva corriente teatral que involucra la música y la voz como parte vital e inherente de la escena.

Buscando música para un sueño

Apuntes sobre la musicalización de

Popón, el brujo, y el sueño de Tisquesusa

Marco Antonio Guerrero, 1996 .

Desde que conocí el Teatro Taller de Colombia —hace más de trece años— , entablé una gran amistad con su director general Jorge Vargas. Desde esa época de adolescente albergué el deseo de trabajar con el grupo y sé que ese deseo fue siempre compartido.

Aunque escogí el camino de la música, en diversas ocasiones y lugares me encontraba de vez en vez con Jorge. En el año 1993, en uno de esos encuentros, me propuso que hiciera y montara la música del nuevo espectáculo del Taller, que era *Popón, el brujo, y el sueño de Tisquesusa*, original de Fernando González Cajiao.

Mi respuesta fue afirmativa y llena de entusiasmo, debido, sobre todo, a dos razones: la primera, conocía y admiraba el trabajo que como investigador del teatro colombiano —y sobre todo precolombino— había hecho Fernando; había leído su *Atabí* y estaba enamorado de ese personaje. La segunda, representaba un gran reto para mí, ya que el tipo de música que precisamente hacía era el de Calle la Chirimía, y hasta había intentado escribir una obra de percusión titulada *Atabí*. Así que me dije: «¡Manos a la obra!»

Comenzó una etapa de doble conocimiento: por un lado, conocer el grupo y , por el otro, la obra.

Comencé en septiembre e iba dos o tres veces por semana a los ensayos; me fue entregada una copia del texto y de los poemas y recitativos que debían ser musicalizados; también recibimos la visita del autor, quien nos hizo una charla para aclarar dudas y responder preguntas.

La obra en sí, desde la puesta en escena, se había dividido en dos partes: una, que llamamos la parte indígena, dibujaba el estado del pueblo muisca poco antes de la llegada del conquistador Jiménez de Quesada; y la segunda, que era la llegada de los españoles y su choque con los indígenas, mostrando varios matices de este choque que iban desde el amor hasta la guerra.

Yo siempre me he interesado por las culturas prehispánicas de América, y por supuesto, por la de los muiscas. Por ello tengo algunos textos, como el de Miguel Triana, Langebaeck y Luis Duque Gómez, entre otros, textos que de inmediato releí buscando datos.

Comenzando octubre, la primera parte estaba muy adelantada y la segunda apenas bosquejada. El grupo se iba de gira y yo me quedaba durante todo el mes desarrollando las ideas musicales, que para ese tiempo no eran pocas.

Tengo que decir que las lecturas que hice me sirvieron desde el punto de vista de contexto, pero en lo musical, salvo descripciones bucólicas, no tenían ninguna información que, desde la música, pudiera ser usada. Así que partí de una idea básica: *si la obra tiene dos partes bien diferenciadas, la música debe tener igualmente dos partes bien diferenciadas.*

En el desarrollo de esta idea me di cuenta, desde el punto de vista musical, de una tercera parte, que era el resultado de la mezcla entre las dos primeras.

Comencé por el principio, o sea por la parte indígena. Como no existe hasta el momento una investigación seria y confiable sobre la música muisca, me permití especular un poco; y para ello emprendí una búsqueda, recopilación y experimentación de y con los instrumentos indígenas, tradicionales o contemporáneos, que me ofrecieran sonoridades diferentes a las que cotidianamente escuchamos. Las percusiones fueron ocupando un lugar privilegiado en esta búsqueda y fueron desde piedras, trozos de madera, tambores de doble parche, güiros y guacharacas, hasta unas cajas chinas de varios tonos que diseñé para la obra. Los vientos fueron el otro gran grupo privilegiado, y en los pitos y flautas de carrizo, al igual que en las ocarinas, encontré una sonoridad cercana a lo que quería. Quiero aclarar que no quería para nada una música que se pareciera a la llamada «música andina», que para mí no es más que el estereotipo del comercio.

Apliqué el principio de *leitmotiv* sacado de Wagner, para que la música introdujera y acompañara ciertos personajes y el de creación de ambientes sonoros para acompañar acciones generales o escenas de varios personajes, no tan importantes.

Me propuse usar medidas poco frecuentes en las músicas populares actuales, como el 5/4, el 7/4, el 9/8 y, en menor medida, el 3/4 y 6/8.

Sobre dichas medidas desarrollé frases rítmicas o melódicas acompañadas por percusión, según la escena, los personajes, los ambientes y las acciones que se desarrollaban.

Por ejemplo, para *La batalla del río de la vueltas*, en la que dos ejércitos indígenas se enfrentan, hice una frase en amalgama de 3/4 y 6/8 y sobre ella escribí variantes que cada actor debía tocar en un instrumento que le servía al tiempo de arma.Luego de trabajar con los actores,finalmente nos dio como resultado el siguiente score rítmico:

Batalla del río de las vueltas

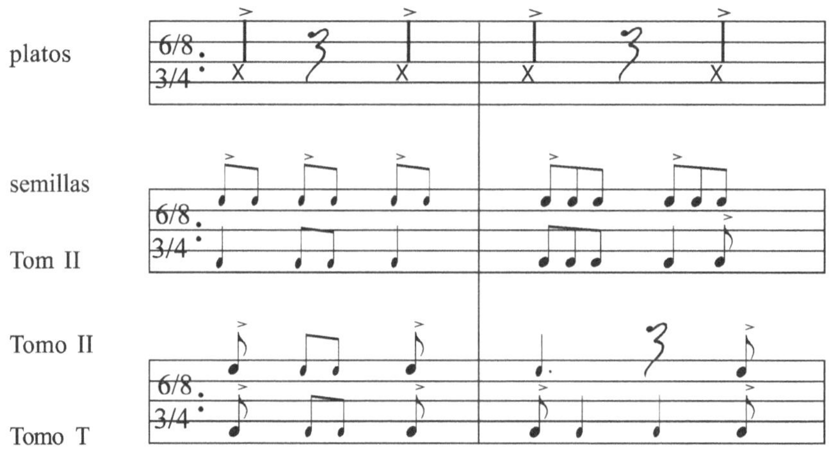

Para los cantos decidí hacer frases cortas, de carácter cíclico con la escala pentatónica y armonizando preferiblemente por cuartas, dándole un color medieval o seudo-oriental a la armonía. También trabajé el principio de cadencia por semitonos para crear mayor choque.

Un ejemplo es el canto casi recitativo con acompañamiento de percusión para el
sahumerio de la momia:

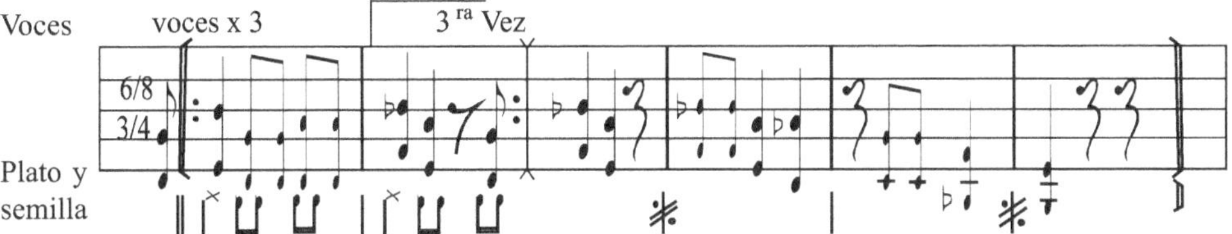

Así desarrollé casi en la totalidad la primera parte, pero pronto tuve que cambiar
algunas partes en las que los actores debían seguir la música;y por tratarse de métri-
cas un tanto complicadas, como el 7/4, se les dificultaba. En este caso tomé el camino
contrario y dejé que ellos propusieran el movimiento y yo los seguía; el resultado nos
llevó al 2/4 y al 4/4, el cual maticé dejando los tambores con el pulso y los acentos y las
semillas *ad libitum* (libres en el ritmo), haciendo efectos y rellenando.

El final de la primera parte fue la pesadilla, pieza que, aunque he querido sea ceñida a
un score, los músicos y los actores la prefieren más libre, improvisatoria y efectista.

Pensé en un puente entre la primera y la segunda parte; hice entonces una pequeña
frase en canto gregoriano que antecedía una rumba flamenca en la que aparecían
nuevos instrumentos como la guitarra, la pandereta, las castañuelas, el bombo y el
redoblante.

Allí el concepto cambiaba, lo tonal y la escala mayor diatónica reemplazaban en parte
lo pentatónico del comienzo y la armonización la hice por quintas y luego terceras con
pedal sobre el bajo en la función fundamental. Un gran bloque de sonidos de percusión
moderna (batería y accesorios) y guitarras se imponía sobre las flautas y percusiones
de semillas. Claro, hubo momentos en que, así como los muiscas resistían o lo intentaban, la música también lo hacía.

Después de la escena que seguía, desarrollé el «mestizaje», pero en dicha escena
quisimos, de común acuerdo con el director, hacer un rompimiento: era la escena del
saqueo del templo; para ella escribí un rock muy modal, más con sonoridad de*blues*
sobre el siguiente círculo armónico: I III /IV y acompañado de una batería fuerte y
bien marcada.

De allí en adelante usé ritmos como el bambuco (ritmo mestizo por excelencia) y la
balada, ésta última como recurso para complementar la escena de amor.

Al final de la obra se vuelve al comienzo, pues todo ha sido un sueño. La forma de
volver es luego de una parte muy densa en la música, llena de mucha disonancia:
retomamos el tema del sahumerio y el final de la pesadilla. Para terminar con la
pesadilla nuevamente, la cual se desvanece, aparece en la flauta el tema que acompa-
ña a Popón y sobre ésta, la frase final y epílogo: «En verdad que no seremos más que
de otros la máscara, y que nunca volveremos a habitar la misma casa.»

Hoy en día, aunque la obra se presenta en nuestro país y el extranjero y la estructura musical ya está hecha, no dejo de buscar continuamente y de probar con la ayuda de mis compañeros, nuevos pequeños cambios que puedan enriquecer la música aún más.

Experimento teatral en Colombia: El teatro identificador

Fernando González Cajiao
1975

La Fundación Colombiana de Estudios Folclóricos, que en Bogotá dirige el novelista y dramaturgo Manuel Zapata Olivella, está realizando un interesante experimento teatral que hasta ahora ha dado sorprendentes resultados. Se trata del montaje de espectáculos teatrales con música y danza, basados en cuentos anónimos recogidos directamente de la tradición oral del pueblo campesino, cuentos que hasta ahora habían sido desconocidos por la tradición literaria del país, que reflejan, mejor quizás que ningún texto de la literatura escrita, el mestizaje cultural, las costumbres e idiosincrasia de los diferentes pueblos que han intervenido en la formación socio-cultural de Colombia: el indígena, el negro y el blanco.

Preparación del trabajo teatral

El proceso de estudio previo al montaje de las obras ha sido largo y dispendioso. La Fundación se ha dedicado primeramente a indagar por varios meses en la provincia colombiana, en las diferentes regiones en que se ha dividido el territorio para este propósito, sobre las tradiciones orales, musicales, habitacionales, religiosas, etc., recogiendo todo este material en cintas magnetofónicas, diapositivas, fotografías y películas que luego son clasificadas y estudiadas detenidamente. T odo lo registrado será posteriormente utilizado en el montaje: la arquitectura, el vestido, los tipos físicos, las representaciones tradicionales, los bailes, la música. Este material constituirá más tarde una valiosa fuente de estudio para los investigadores nacionales y extranjeros, pero el propósito inicial es que constituya la base para el trabajo teatral, en el cual se quiere plasmar en forma objetiva y ante un público determinado el acervo cultural y social de la región que representan. De allí el nombre que Zapata ha querido darle a este tipo de teatro: teatro identificador, es decir, teatro que identifique tanto para los actores como para el público, los patrones culturales de determinada región colombiana. Si se logra tal propósito, es indudable que este tipo de teatro será eminentemente popular.

Por ello se ha querido en todo momento conservar intacta la tradición popular, pero ha sido necesaria la asesoría de personas profesionales en el ramo y   , por lo tanto, la

Fundación cuenta con la colaboración de economistas y sociólogos encargados de la selección del material para las representaciones, que también verifican evaluaciones posteriores al montaje, tanto entre el público como entre los encargados de su representación, para determinar el impacto de la obra y si ha logrado los objetivos que se propone. En el montaje intervienen también profesionales escénicos que, en la medida de lo posible, dejan desarrollarse espontáneamente el contenido eminentemente campesino de las representaciones. Es aquí, precisamente, donde se ha puesto el mayor cuidado y donde ha habido el mayor número de dificultades, ya que este tipo de trabajo requiere que se elimine al máximo todo género de preconceptos quizás académicos del teatro y la danza, para obtener de los intérpretes el resultado más espontáneo y auténtico posible.

El programa sólo contempla hasta ahora el montaje de dos obras de teatro identificador en áreas al aire libre: una que refleje los patrones culturales de las dos costas colombianas, la del Atlántico y la del Pacífico, y otra que haga lo mismo para la zona interior del país, es decir, la zona andina. La primera obra ya ha sido montada y a ella nos referiremos en seguida; la segunda está todavía en proceso de selección del cuento, pero seguramente se tratará de un *Bolívar descalzo* que dirigirá el hondureño Rafael Murillo, radicado por largo tiempo en Colombia.

Rambao y su escenificación

Rambao fue la obra representada en la localidad de Lorica, en el Departamento de Córdoba, en la costa del caribe colombiano, el 19 de marzo de 1975. Se trata de un cuento anónimo recogido en el mismo departamento, en la región de Terra Alta, por los investigadores de la Fundación, y que fue seleccionado por su estupenda calidad literaria y porque refleja con bastante precisión los patrones culturales de la costa del Atlántico; además, en la costa del Pacífico, se recogió un cuento similar aunque con diferente nombre, personajes y situaciones, lo cual hacía posible representar a ambas costas en la misma obra. Como a sus más inmediatos colaboradores, Manuel Zapata seleccionó a la conocida bailarina y coreógrafa Delia Zapata Olivella, a los sociólogos Raúl y Gregorio Clavijo, al investigador Roger Serpa, al cineasta Alvaro González y a mí, por mi experiencia como director y escritor de teatro. El 2 de enero de 1975 todos nos trasladamos a Lorica y dimos comienzo al trabajo, que entonces parecía más una utopía, una aventura teatral nunca antes intentada, con resultados imprevisibles.

Los actores

Las dificultades comenzaron con la selección de los actores, que no habrían de ser tales, sino más bien intérpretes capaces de crear personajes con espontaneidad e imaginación populares. La tradición popular reconoce algunos géneros de tipo teatral, representaciones en las calles, mascaradas, disfraces, procesiones y desfiles. En un comienzo se trató de recoger gentes que tuvieran algún interés o experiencia en este tipo de representaciones, o por lo menos individuos que fueran capaces de narrar un

cuento o declamar y a los cuales les interesaba este tipo de trabajo en una improvisación con mayor envergadura, como lo era el *Rambao*. Se recorrieron ambas costas
buscando esta clase de personas, además de bailarines, que también habían de ser
gentes con el gusto por la música y la danza, aunque no forzosamente debían ser
profesionales. Y en realidad fue más fácil encontrar a los bailarines que a los actores,
debido quizás a la idiosincrasia más musical que literaria de los pueblos de las costas
colombianas, pero finalmente fueron hallados los intérpretes que sabían improvisar un
personaje con creatividad, o narrar un cuento o un chiste popular con gracia e imaginación.

Una vez hallado este personal, el problema radicaba en prepararlo sin que perdiera sus
raíces y espontaneidad culturales, para un trabajo al cual no estaba habituado. Casi
todos los intérpretes eran agricultores, pescadores, pequeños comerciantes, amas de
casa, costureras, etc., y, aunque muchos de ellos se enfrentaban por primera vez al
trabajo teatral, demostraron un enorme talento para la improvisación, una memoria e
imaginación sorprendentes, y una resistencia física extraordinaria. La capacitación de
estas gentes se dividió desde un comienzo en dos sentidos, diferentes pero complementarios, la danza y el teatro, ya que se deseaba capacitarlas en ambas ramas para
que en cualquiera de las dos circunstancias pudieran desempeñarse decorosamente.
Y en justicia hay que reconocer que algunos de ellos superaron todo lo esperado, en
especial el actor protagonista de *Rambao*, el agricultor Filiberto Díaz, un hombre de
edad madura que se constituyó, sin duda, en la revelación de la pieza. Los ejercicios
iniciales fueron de danza, expresión corporal, vocalización ymás tarde, cuando ya se
contaba con un proyecto más o menos definitivo de montaje, ensayos de improvisaciones sobre determinados pasajes del cuento.

La versión escénica

El segundo problema que se presentaba era la estructuración de la obra para su representación, la adaptación del cuento al escenario. En la tradición popular, *Rambao* no
había sido concebido para ser representado escénicamente, de allí que es muy largo,
narra toda la vida del protagonista, desde que está joven hasta que muere, y tiene tal
número de incidentes que, si se representaran todos, darían como resultado una obra
excesivamente extensa que tomaría mucho tiempo en representarse. Había pues que
intervenir con una especie de dramaturgia que pudiera eliminar lo superfluo y dejar lo
fundamental del cuento, sin falsificar toda una concepción del mundo y sin distorsionar
su desarrollo; muchas acciones habladas podían también transformarse en visuales o
musicales; se requería un estudio serio, episodio por episodio, para adaptar la parte
literaria y también para darle una unidad a la acción y al lugar, de la que el cuento
carecía; había episodios que planteaban serios problemas, porque exigían una
escenografía o utilería complicadas que eran incompatibles con los lugares en que se
iba a representar la obra, como canchas de béisbol, plazas, parques, calles, etc.

El problema literario que planteaba el cuento de *Rambao* no podía llamarse exactamente un problema de dramaturgia. Manuel Zapata Olivella insistía continuamente, a pesar de la oposición inicial del director y de algunos de los intérpretes, en que no debía utilizarse en ningún momento un libreto o ninguna forma de apoyo escrito que los actores pudieran en cualquier caso memorizar Esto parecía una locura. Acostumbrados como estamos a un tipo de teatro en donde el apoyo principal es el texto de la obra, trabajar sin él parecía el mayor de los absurdos, no solamente desde el punto de vista de la dirección teatral, sino también de la actuación. Nuestra sociedad alfabeta está tan familiarizada con la escritura, que prescindir de ella es algo tan impensable como prescindir del aire que respiramos. Eso lo sentimos nosotros los alfabetos, sin embargo, existe toda una cultura analfabeta, que se expresa, que crea, que se desarrolla y evoluciona sin necesidad de la escritura. Y es una experiencia extraordinaria verificar su existencia sobre el terreno, constatar que la palabra hablada y la acción, el gesto y la actitud, enseñan más en la lucha diaria por la supervivencia que cualquier texto escrito; que la memoria, la percepción, la sagacidad y la creatividad, reemplazan con creces cualquier tipo de memorización o aprendizaje basados en los textos. Esto se demostró con el montaje de una obra «analfabeta» y fue una de las mayores sorpresas a que hubieron de enfrentarse los participantes en esta experiencia única.

¿Cuál era entonces la forma de proceder en estas circunstancias? No había dramaturgo ni la posibilidad de un texto, pero era indispensable una adaptación escénica de *Rambao*. Las improvisaciones no podían hacerse simplemente con base en el cuento, sino en una estructura específicamente dramática, con unidad de lugar (el escenario que se adoptara) y un límite de tiempo, si no en el sentido griego tradicional de las famosas unidades, sí en un sentido funcional de estructura dramática básica sobre la cual improvisar. De allí que finalmente se llegó a una especie de adaptación dramática del cuento, consistente en la delimitación de determinadas situaciones o episodios que se consideraban imprescindibles, episodios que incluían los tópicos esenciales del cuento original, al mismo tiempo que algunos otros tomados del cuento del Pacífico, junto con las danzas, cantos y procesiones que se consideraban necesarios en el desarrollo del argumento. Este trabajo, sobra decir, fue hecho en estrecha colaboración de todos los integrantes y afortunadamente entre ellos reinó siempre una gran cordialidad y una unidad de criterio fundamental para el éxito del proyecto.

Diálogo e improvisación

La estructura básica del montaje no incluía, naturalmente, el diálogo. Las situaciones que se esbozaban eran sometidas a la improvisación de los intérpretes dramáticos (que no pueden llamarse actores), quienes tenían a su cargo la creación de un diálogo regional que les surgiera espontáneamente y que dependiera de su creatividad original. El director solamente intervenía si era necesario modificar el diálogo o las situaciones cuando hubiera repeticiones inútiles, contradicciones o incoherencias, cuando se interrumpiera el desarrollo natural del argumento, cuando se falseara la temática del cuento; las intervenciones del director también se hacían en lo tocante a la utilería, al movimiento de los actores, las entradas y salidas, y la directora de danzas se encargaba de sus bailes y de la elaboración del vestuario, así como de las escenas que podían realizarse en esta forma danzada, sin necesidad de texto hablado. Cuando había que intervenir en cuestiones que tenían relación con asuntos específicamente folclóricos, eran el director general del proyecto y la directora de las danzas quienes tenían la última palabra, ya que su experiencia de años en el tratamiento e investigación del folclor colombiano les daba la autoridad y el conocimiento para hacerlo. Es decir, estas personas intervenían más que todo en lo tocante a la parte técnica del montaje, dejando, en la medida de lo posible, la parte creativa a cargo de los intérpretes.

Para no falsear tampoco la idiosincrasia de los intérpretes dramáticos, su libre creatividad campesina, no se les habló sino lo indispensable sobre el teatro, la historia, las escuelas de actuación, etc., aunque sí se insistió en los ejercicios técnicos que contribuían a darles mayor plasticidad, expresión corporal y vocal, presencia escénica y agilidad mímica. El tiempo de adiestramiento a este respecto fue mínimo, sólo tres meses para los intérpretes que llegaron el dos de enero, aunque con una dedicación horaria total, de manera que aprendieron lo indispensable, pero lo asimilaron notablemente.

Escenario, escenografía, utilería

El proyecto determinaba que *Rambao* debía presentarse en especial en funciones callejeras, o, por lo menos, en lugares a donde tuviera fácil acceso un público popular ya que lo que se trataba de medir, desde el punto de vista del impacto socio-cultural, era la identificación de la obra con los patrones culturales de la región. Esto planteaba otros problemas de carácter técnico que tenían relación con el tipo de escenario que se adoptaría, la escenografía, el vestuario y la utilería, que tenían que ser fácilmente transportables y eminentemente funcionales.

En cuanto al tipo de escenario, se pensó en muchas posibilidades: lo primero que se planteó fue un escenario convencional de tipo naturalista, es decir, el escenario rectangular con un solo frente hacia el público; pero este tipo de escenario no servía para la obra que se montaba, ni existía en Lorica un lugar con estas especificaciones; y aún en el caso de que existiera, a ese lugar seguramente no asistiría el público que se deseaba. Entonces se pensó en una serie de «mansiones» semejantes a las que tenía el teatro medieval de los misterios o los autos sacramentales. Pero, después de estudiar estas posibilidades y de la experiencia adquirida en las improvisaciones, se llegó a la conclusión de que el cuento tampoco se prestaba a este tipo de escenificación. Finalmente se adoptó una área circular en la que los intérpretes pudieran representar hacia todos los lados de la circunferencia. Con tiza o cal se marcó el círculo exterior y otro interior con un mismo centro; el círculo exterior servía para colocar la utilería y era una área más o menos «neutra», libre, a donde se colocaban también los intérpretes cuando no estaban actuando en la obra; el círculo interior era el área de actuación propiamente dicha. Se resolvió también hacer dos «camerinos», uno para hombres y otro para mujeres —así lo exigía la idiosincrasia campesina de los actores— consistentes en una armazón de esteras que se colocó a lado y lado del círculo exterior.

104

En cuanto a la utilería, se prescindió de lo superfluo o de lo que podía ocasionar problemas de transporte. De ahí que se resolvió eliminar definitivamente todo tipo de escenografía que interfiriera la visión. Los pocos elementos de utilería que se usaron, tres baúles, una carretilla, unas cuantas velas, etc., eran de fácil colocación en el círculo exterior y también eran fácilmente transportables por los propios intérpretes dentro y fuera del círculo interior de actuación. El vestuario fue el mismo que utilizan comúnmente los campesinos de las costas del Atlántico y del Pacífico, aunque en algunas escenas de época o de milagro (cuando los ancianos rejuvenecen) se adoptó un vestuario más elaborado y un poco más espectacular al igual que calzado y máscaras.

Representaciones

Rambao se estrenó en Lorica el 19 de marzo de 1975 y en Montería, capital del departamento, se representó el 22 del mismo mes. Ambas representaciones se hicieron en sendos estadios de béisbol, reduciendo el área por medio de silletería e instalando altoparlantes para amplificar la voz de los intérpretes. Intervinieron un conjunto de instrumentistas folclóricos en permanencia y una banda típicamente costeña.El pueblo de Lorica se volcó sobre el estadio, nunca habían visto nada semejante, el impacto de la obra puede calificarse de muy importante en la localidad; camiones llenos de gente llegaron de las localidades cercanas y fue tanta la impresión, que hasta los niños de Lorica resolvieron crear una representación idéntica a la que vieron, pero por su propia cuenta. Todo ésto demostró que el proyecto había llegado a una feliz culminación y que la aventura iniciada con tanta incertidumbre se había transformado en una experiencia inolvidable.

Aproximación a la calle como ámbito escénico y escenario abierto

Juan Carlos Moyano Ortiz
1980

Las referencias más remotas sobre el origen del teatro nos conducen a «escenarios» al aire libre. La luz del día o la bóveda nocturna alumbrada por hogueras fueron el único ámbito del teatro en sus inicios. Durante este período primigenio el destino del teatro se desarrolló en abiertos horizontes y los cuatro vientos hicieron las veces de telones agitados ritualmente entre signos, palabras mágicas y embrujados movimientos, que confluían en un hecho no muy distante, a lo largo de lo estrictamente teatral (las máscaras, los maquillajes, la actitud representante, expectante —del espectador—, expectante y participante). En torno al acto ceremonial, la población acudía a la realización de un rito-espectáculo. La conducta político-religiosa cobraba forma en una representación estrechamente unida a los acontecimientos de la vida.

Los célebres anfiteatros griegos (el hemiciclo escalonado) condensan el grado de desarrollo escénico en una época que inició la historia del teatro occidental y dio comienzo a lo que posteriormente sería la especialidad cerrada. Sin embargo, antes de la tragedia acropolística estuvieron las retahilas licenciosas de los viñadores y las sátiras de los poetas ambulantes que participaban en las festividades dionisíacas. El carromato de Thespis[4], puede entenderse como un indicio legendario de ese arte que se desarrolló al margen de construcciones magnánimes, perviviendo en calles, plazas y puertas de ciudades.

Con la caída de la Roma imperial, en manos de los bárbaros, caen también los anfiteatros grecolatinos. Bufones, atelanas y mimos hacen del teatro simple tablado de feria o carromato de comediantes peregrinos. Así, con variantes, decesos y resurrecciones llegamos al tiempo de los juglares[5], cómicos, histriones, guiñolistas y vagantes: la *Comedia del Arte*, toda una época de oro en la historia del teatro. El teatro callejero contemporáneo[6], tiene mucho que ver con esos comediantes medievales: la llegada intempestiva a la plaza o el callejón para revertir la alegría, la sátira y la viveza de un espectáculo; la actuación acrobática capaz de manejar resueltamente toda la mecánica teatral, el colorido resaltante de los trajes, las máscaras y la habilidad múltiple en la interpretación. En Europa la actividad callejera se ha enraizado como una auténtica tradición, muchas veces subterránea. Es común encontrar funambuleros, saltimbanquis, comediantes, canta-historias y algunos muy peculiares representantes que cantan, danzan y narran. El gran teatro del siglo XX (el «comercial» o la «vanguardia») ha olvidado esta riqueza que se encuentra en las avenidas, los parques, las aldeas, los caminos, las noches tropicales o la memoria colectiva. En América Latina, particularmente en algunos lugares de Colombia, subsisten personas que interpretan historias de la imaginería popular. La literatura ha aprovechado esta inmensa veta. El teatro se ha mantenido indiferente, salvo contadísimas excepciones que han resonado en los últimos años. A partir de la década de los cincuenta, en Europa y Norteamérica comienza a reactivarse el quehacer teatral en las calles, las esquinas, los suburbios, los paraderos, las estaciones. Tiene especial auge el «Agit-prop» (teatro de agitación y propaganda) que, partiendo de situaciones coyunturales realiza montajes de carácter efímero y precario valor artístico. En América Latina, con menor intensidad y rasgos distintos, este fenómeno se manifiesta en el «teatro guerrilla». Más adelante, el «happening» se toma las calles: libera los espacios y socava la normalidad abrumadora de la ciudad; sin embargo, traspasando la insolencia espectacular y la conmoción emocional no encontramos preocupación estética definida; por el contrario, todo parece indicar que los objetivos escénicos no eran específicos y que las motivaciones fundamentales se diluían en propósitos ambiguos. Ulteriormente estos experimentos permitieron el logro de expresiones de mayor envergadura: grupos estadinenses del *off-off theatre*[7] avanzaron en la perfección de métodos y recursos, rompiendo el pragmatismo del *Agit-prop* y superando la ambigüedad caótica del *happening*. Es el caso del Living Theatre o del Bread and Puppet, que, por sus singularidades, podrían ser, cada uno, ejemplos diferentes. Actualmente, numerosos grupos desempeñan una actividad de inobjetable importancia en la calle, entre otros, Els Comediants de Cataluña, Piccolo Teatro de Pontevedra, Italia, el Odin Teatret de Dinamarca, la Tartana de Madrid, el Teatro Núcleo de Ferrara, Teatro Tascabile de Bergano, Teatro Beljash de Oslo, Jordicirkus de Estocolmo, Bread and Puppet de Estados Unidos, Contradanza de Venezuela, la Oveja Negra de Panamá, Cuatrotablas de Perú, Teatro Ambulante de Medellín y Teatro Taller de Colombia[8].

De la sala a la calle

En apariencia, cuando se lleva una obra de teatro al aire libre no existen notorias diferencias, más allá de la transposición de lugar y de algunas alteraciones formales. En el fondo, las características de una sala (por informal y moderna que sea) y las de la calle (entendida teatralmente) difieren en su composición orgánica, en sus claves y en su estructura. Tomemos por ejemplo a los espectadores: en la sala aparecen más o menos con cierta uniformidad cualificada en rasgos generales que permiten, en conjunto, establecer niveles análogos de recepción. En la calle, por el contrario, se presentan como una masa amorfa, heterogénea, casual, y únicamente el aspecto callejero es el denominador común y coligante. De manera semejante aparecen el lenguaje verbal y gestual, las imágenes, el tipo de actuación, el manejo del espacio, la puesta en escena, la composición escenográfica.

Y si llegáramos a detenernos en el proceso creativo, en tanto fenómeno social y artístico, seguramente descubriríamos diferencias y contrastes de índole conceptual y estética. Pues, de una u otra forma, el aire libre o los recintos contienen, en sí mismos, una carga compleja de connotaciones y símbolos, que trataremos de analizar en un artículo aparte, de orden no sólo informativo sino, más bien, de tipo reflexivo[9]

Teatro
Taller de
Colombia

La dialéctica de la calle

El teatro callejero es un encuentro y una ruptura con la vida cotidiana: resulta como pugna entre la dictadura de la rutina urbana y la dinámica de la vida. Por eso, es indispensable aprehender las leyes que rigen el movimiento de la calle, para adecuar un espectáculo a necesidades tan peculiares. Hay que partir de lo cotidiano para relacionarse con lo «eterno»: interceptar los gestos, captar las miradas y el código de sus destellos, entender los pasos e interpretar los latidos entrañables de la gente que transita entre la neurosis y el límite de los horarios. Hay que recrear e incidir sobre ese maravilloso estado de agitación que se vive en las plazas, los prados y las avenidas. Esta es la condición para lograr un espectáculo callejero. Recordemos que inicialmente el objetivo es ganar la aceptación expectante de un numerosísimo público nada fácil, que en cualquier momento se puede alejar si se lo asalta, o molestarse por algún detalle y sabotear la representación. El teatro está, en este caso, en un lugar que no es, precisamente, el que le «corresponde», de acuerdo a la idiosincrasia reinante y a la limitadísima conducta cultural del establecimiento. Mientras en un recinto podemos controlar sin mucha dificultad a los espectadores, en un lugar abierto —al aire libre y a ras del piso— la calidad, accesibilidad y vistosidad del espectáculo son la única garantía de mantener la presencia y la actitud positiva del público; que prácticamente se ve abocado a incorporarse, sin ningún tipo de atadura, a la representación, cambiando su inercia lógica por un proceso activo que lo debe llevar a establecer una estrecha relación con lo representado, los representantes y el conjunto de espectadores.

Para captar la atención del grueso de transeúntes, los grupos dedicados al trabajo escénico en las calles suelen utilizar contundentes argumentos que provocan, convencen y que, al final, cautivan la atención y guían la emotividad espontánea del público. Habitualmente se recurre a importantes modalidades del espectáculo, el juego, la fiesta y la ceremonia. Algunos conjuntos llegan a un lugar determinado en caravana —como los actores de la comedia del arte o como los artistas de circo o de barriada de pueblo— , tocando fanfarrias, pregonando, llamando a la gente, usando trajes y maquillajes atractivos, radicalmente resaltantes frente a los matices normales. Es la situación que en varios experimentos han propuesto el Odin Tatret, el Bread and Puppet o el Teatro Taller de Colombia para conseguir que, en un abrir y cerrar de ojos, muchas personas se aglomeren en torno a la magia de los colores, los sonidos, las máscaras y los movimientos. En otra variante —Living Theatre, Dagol de V est-Tiskland, Temps Fort Theatre de Francia y , hace unos años, el Acto Latino de Bogotá— la manera de abordar la calle es a partir de la neurosis citadina, del juego psicológico y la contrapartida que se puede obtener en una búsqueda abrupta de individuo a individuo; como tratando de asumir el grado extremo de individualización y las fisuras de la personalidad que pueden descubrirse gracias al asombro, a la complicidad o al mero contacto tangencial de los ciudadanos con sus problemas y su diálogo sordo. Es como si, a partir de contextos teatralmente ocasionados, se pudiera tender un puente entre el arte, las necesidades expresivas del artista y el abismo de incertidumbres que siempre tienen bajo sus zapatos los hombres y las mujeres que pueblan la densa monotonía del espacio urbano. Mientras en el primer ejemplo lo básico es el ritmo arrollador, el aire festivo y carnavalesco, en el segundo caso subyace un trasunto de ritual que refleja, distorsiona y proyecta algunos demonios psíquicos y religiosos que se mantienen adheridos a la historia de las ciudades de este siglo. En ambas posibilidades —referidas para ejemplificar y no para plantear alternativas— el ambiente que se instaure anticipadamente es definitivo para sostener el desarrollo de la representación. Un público inmerso en la risa, la fantasía o la sorpresa, es un público susceptible a la comunicación directa, sin inhibiciones o prejuicios, dispuesto a colaborar y a corroborar el valor de un quehacer tan singular. Es allí, en ese pacto escénico que establecen comediantes y espectadores, donde puede encontrarse la base del espectáculo callejero.

Alusiones sobre el espacio y otros aspectos

El espacio callejero tiene raíces en las más antiguas formas de teatro, pero al mismo tiempo es el menos investigado. Mientras en los recintos encontramos un organismo cerrado y unívoco, en la calle nos movemos en un espacio abierto y múltiple. Indudablemente, las exigencias aumentan a todos los niveles. Se requiere un nuevo concepto de espacialidad. Una concepción que considere el espacio en constante movilidad, esencialmente circular o itinerante. El lugar teatral —el ámbito en todo su conjunto— se establece a partir de la misma acción teatralizante. Es decir, en la consumación del hecho teatral sobre un terreno que no pre-existía en los términos de la escena. Lugar que se constituye con la llegada de los actores, con sus primeros pasos y desplazamientos. El teatro callejero, por lo tanto, genera su propio espacio, marca sus propios límites e impone, al mismo tiempo, una constante polivalencia espacial.

Si consideramos el espectáculo como la organización de un espacio, también consideramos al público ubicado organizadamente sobre ese espacio. En ese panorama anular o móvil, expuesto a las fluctuaciones o a los acordes caóticos de las ciudades, hay que mantener, rehacer, combinar e inventar los planos espaciales yde manera permanente, tenerlos bajo control consciente de una actuación específica y de unos recursos apropiadamente utilizados. Fácilmente el territorio teatral puede desaparecer arrasado por la aglomeración. Es conveniente, entonces, hacer uso de la complicidad, humana y compulsiva, que se origina en el encuentro esencial entre actores y espectadores —el «pacto» escénico— del cual hablamos en párrafos anteriores. Y , además, hay que demarcar las líneas espacio-temporales para determinar tal o cual cobertura, ésta o aquella dimensión de la escena. Casi todos los grupos especializados en el trabajo callejero manejan niveles elevados (zancos, cabezones, banderas,cuerdas, alturas eventuales, etc.), con el fin de obtener acciones altas, divisables por toda la audiencia. Pues acciones bajas o demasiado estáticas sacrificarían la visión de gran número de espectadores. El Teatro Taller de Colombia, para citar un ejemplo cercano, cuando trabaja en círculo toma como dos ejes coordenadas imaginarias que se interceptan en el centro del círculo y lo dividen en cuatro partes iguales. Estos cuartos de escenario son mantenidos situacionalmente equilibrados, con el objetivo de salvaguardar el área de representación. Recargar las acciones hacia un sólo lugar (medio o cuarto) originaría una descompensación lógica, de consecuencias que terminarían vulnerando la estabilidad de la circunferencia y la atención de un actor Tengamos en cuenta que el punto de focalización común es circular: hay que trabajar para un auditorio circundante. La imágenes y las acciones deben producirse hacia una cara rodeante. Estabilizar la actuación hacia una circunferencia fija, hacia una cara fragmentaria, es negar la plenitud del espectáculo a más de la mitad de los espectadores.

La puesta en escena debe privilegiar la imagen y el sonido sobre las palabras (el parlamento normal para una sala resulta ineficaz en la calle: no satisface la audición de los espectadores y pone en peligro las cuerdas vocales del actor). Los recursos escenográficos, obviamente, deben ser mínimos, apenas los indispensables, con la posibilidad de utilizarlos en distintas ocasiones, despojándolos de cualquier accesoriedad. La estructura total del espectáculo callejero está dada a la transformación imprevista; no en pocas oportunidades, por causas eventuales, se suele virar la labor pre-elaborada hacia los dominios de la improvisación. La destreza individual del actor o de la actriz y la máxima integración del grupo entran a ser determinantes para definir esta clase de situaciones.

Estos criterios generales, esbozados en torno a cuestiones técnicas, tienden a ser constantes, manifiestos en experimentos y montajes de grupos que, en muchas oportunidades, se encuentran distanciados geográfica y culturalmente; pero, gracias a la confluencia teatral y callejera, participan de procesos creativos semejantes y del uso de mecanismos afines. Por eso no es extraño, en un juicio de apariencias y ligerezas, señalar al teatro callejero como un estilo o como una oleada de la moda vanguardista. Es indudable que el asunto va más allá y que cualquier referencia seria que se haga sobre la historia escénica del presente siglo tendrá que tener en cuenta las andanzas y los hallazgos de los grupos ambulantes que representan en los parques y las calles. Pues el teatro callejero parece ser el más legítimo engendro de una época cuajada de zozobras, fracasos, transformaciones y tímidas esperanzas. Por lo demás, las zonas urbanas que existen a la intemperie, expuestas a la alegría y a las matanzas, han jugado un rol importantísimo en el avance de la historia humana[10]: como si los cauces de la vida y de la muerte estuvieran formados por las esquinas, los cruces, las plazas y las calzadas.

Todo hace pensar que el teatro callejero de los cómicos del ruido y las avenidas —los antiguos cómicos de la legua en una versión citadina— está destinado a convertirse en la temblorosa y expresiva manifestación de estas décadas peculiarmente conflictivas.

La calle, un espectáculo

Arturo Alape
(Tomado de la revista *Actuemos*, 1984)

Si se le ve así, la vida de la calle es todo un espectáculo teatral. Los gestos del chofer las palabras del pasajero, un ladrón defendiendo lo robado, un parroquiano rescatando lo suyo, el público rescatando al ladrón, un policía dando garrote, un accidente, un choque de cuerpos humanos, un devenir veloz de los carros, la frenada y los ruidos enloquecedores en las ciudades, que hacen de los pobres nervios una víctima ecológica. Y entre los resquicios que dejan la velocidad, la violencia verbal o los golpes tras los golpes, un círculo de hombres, mujeres, niños, ancianos, sin trabajo muchas veces, con trabajo otro tanto, parados le dan a sus vidas un descanso al dejarse llevar por la imaginación del culebrero, la magia de la palabra, el encanto verbal, que entre cerrar la boca y abrir los ojos, usted, señor transeúnte, quedará de por vida curado de todo el cáncer de las deudas. De pronto, ante oferta tan inusitada, ellos sacan el billete del almuerzo del día y pagan con satisfacción por la pomada, por el cuento escuchado, por la palabra embrujada, por el gesto convincente, en fin, se produce el desdoblamiento, resultado de la necesidad que por magia o enajenación, por un momento resuelve los problemas de esta vida que son los diarios. Y el espectáculo de la calle sigue con su bullicio, entre la oferta y la demanda, con sus gestos preconcebidos, aprendidos de memoria, que hacen de sus exponentes actores vitales, que enfrentan un teatro de real convencimiento: tienen que vivir de él.

En la calle hay un teatro callejero, con todos sus signos gestuales. Con todas sus voces narrativas. A la calle vuelve un teatro para la calle. Que difícilmente puede enjaularse en una sala para doscientos o máximo trescientos espectadores. No. Necesita de un ámbito en que la voz humana debe ser escuchada por una mayor y más grande audiencia. Y eso se puede dar , si se logra captar los elementos plásticos y semánticos que identifiquen el espectáculo, el reelaborado por artistas profesionales, y lo enfrenten a ese público con algo aparentemente conocido, pero con nuevas connotaciones, de forma y de lo que puede expresar subterráneamente. Es decir, es un golpe bajo con algo conocido, muy metido como imagen fija en la materia.

El teatro Taller de Coombia va en camino de la formulación de ese trabajo. Es un grupo que ha entendido que, si vuelve a la calle, si quiere llevar un expectáculo teatral y quiere ganar la atención del público, debe partir de la propia experiencia callejera. Y en verdad que lo está haciendo. Son un circo rodante sin carpa, con una escenografía humana, de hombres muy altos sobre sus zancos y con una facilidad de indiscutible calidad para llegar a esa audiencia tan fácil de aprehender como lo es el público que camina por las calles y se mete de pronto a un círculo de curiosos, es la del grupo una forma teatral, más que necesaria para nuestros países, en donde la comunicación directa es definitiva.

Tómas y Staruska en la revivida tradición del mundo

Fernando González Cajiao
1982

Quién sabe qué sinuosos caminos de maravilla haya recorrido la viejísima tradición del mimo europeo —heredero del romano y del griego— para llegar desde el Vejo Continente hasta el Nuevo, asimilar aquí algunos elementos autóctonos, y luego sobrevivir incólume al tiempo en un brillante florecimiento actual lleno de sorpresas y paradojas; o quién sabe —porque no parecen existir investigaciones detalladas sobre el tema— si el teatro de los mimos tenga también en realidad su firme antecedente en espectáculos precolombinos que hasta cierto punto sólo podemos presentir. En todo caso, el hecho magnífico es que una buena tarde en Ibagué, Colombia, nos sorprendió en plena calle el ruido de los tamborines y las campanillas con recuerdos feudales, los cuales anunciaban un espectáculo callejero llevado a cabo por tres «histriones» contemporáneos que bien pronto comenzaron a interpretar ante un público de ocasión una graciosa pieza pantomímica de su propia invención y que llevaba por título *La historia de Jonás*.

Y así, de pronto, el tiempo y el espacio, los pueblos y las culturas, parecieron unificarse en un solo momento teatral, como si siempre hubieran coexistido las cosas y la gente, los países y los continentes, con estos eternos juglares. A pesar de que estábamos de pie, en esta calle incómoda y agitada, apabullada por el tráfico de automóviles y de peatones inquietos, no eran realmente necesarias las butacas acolchadas de una sala de teatro. En efecto, para que prestáramos atención a la escena, eran más que suficientes esos extraños personajes de rostro blanco, mudos pero expresivos, intensamente maquillados y sin embargo muy humanos, profundamente teatrales pero también reales, antiguos y modernos, que giraban y gesticulaban, brincaban, se caían o se acostaban dentro de este «círculo mágico» que ellos mismos establecían y que tanto recordaba el cerco de los rituales primitivos. La representación de la *Historia de Jonás* se convertía así en algo tan intensamente paradójico y llamativo, que aún el público menos informado, como era aquel, lograba participar íntegramente en el espectáculo; reía, aplaudía, y aún en ocasiones llegaba a traspasar las fronteras del tabú para actuar junto a los juglares.

Los tres actores que en esta forma llegaban a entusiasmar a los transeúntes, haciéndoles olvidar sus urgentes necesidades y compromisos, la intensa circulación callejera o las ventas de los andenes, eran la totalidad de los integrantes de un pequeño grupo teatral llamado el Teatro de la Calle. Su director, Tomás Latino, es un argentino nacido en la Patagonia, y sus largas piernas, su pelo crespo que se arregla estilo «afro», su figura alta y algo desgarbada, hacen un cómico contrapunto a la figura regordeta de su mujer, Staruska, capaz de imprimir, sin embargo, un sello marcadamente lírico a su interpretación finamente humorística; el tercer actor es un joven colombiano muy hábil, llamado Eugenio Mendoza, que recientemente se ha añadido a la pareja y aunque todavía tiene un largo camino por recorrer junto a ellos, cuenta con buenos elementos de partida, como son el ingenio y la apariencia física exacta del pantomimo clásico: delgado, expresivo, sensible. Todos tres tienen la imprescindible capacidad de sacrificio por el teatro, cualidad que sólo puede ser el resultado de un auténtico amor por una profesión difícil y azarosa entre nosotros.

Sorprendidos pues con el espectáculo, en especial por la evidente capacidad de síntesis de los actores para crear originalmente sobre la tradición, tuvimos ocasión de indagar ya personalmente con Tomás sobre los antecedentes remotos e inmediatos de su actividad. Así pudimos constatar —lo presentido— la seriedad de un trabajo que se llevaba a cabo con pleno conocimiento de la historia del mimo y de los espectáculos callejeros.

Tomás Latino traza sus antecedentes sobre todo en el teatro italiano y español, más que en el precolombino. A pesar de todo, se considera hasta cierto punto también deudor de los brujos indígenas o «chamanes» y de sus fiestas paganas. Para él el más común de los espectáculos callejeros que tiene afinidades con su teatro es el del «culebrero», el encantador de serpientes, el charlatán que vende específicos y hierbas para curar todas las enfermedades, ayudado casi siempre por una serpiente que imprime atractivo mítico a su oficio deofidio. Es posible, efectivamente, que estos personajes callejeros de hoy en día puedan hacer retroceder su actividad hasta aquellos chamanes indígenas precolombinos, aunque también su origen pudiera hallarse en Europa, si se quiere.

De todas maneras, Tomás Latino también reconoce su afinidad con los que hoy ejercen oficios de este tipo: el faquir, capaz de dormir sobre clavos, que vi muchas veces en mi infancia al lado de un comevidrios en Girardot, el hombre-orquesta que toca una dulzaina y un tiple al tiempo que maneja un tambor con el pie, los ventrílocuos, los contorsionistas, los traga-espadas. La gente piensa, nos dice Tomás, que todos estos personajes pintorescos son simplemente unos mentirosos, unos embaucadores que viven de engañar a su público. El no lo crée así, y más bien piensa que muchos de ellos son enteramente sinceros y además contribuyen a divulgar las experiencias y conocimientos populares, en especial aquellos que tienen que entenderse con la aplicación de la medicina natural. Muchas gentes de estas, además, demuestran una verdadera ética del oficio. Uno de ellos, por ejemplo, proseguía con dignidad y orgullo la profesión de su padre: en lugar de haber heredado de él las agujas del sastre, había heredado la serpiente, que era su patrimonio. Para citar un ejemplo más, los lustrabotas de Lima, según Tomás, tienen todo un espectáculo casi ritual para realizar su oficio de brillar zapatos, explotando todas las posibilidades expresivas que implican los movimientos de su oficio.

Es claro, sin embargo, que no es éste el único aspecto que uno puede detectar en el teatro callejero —de Tomás Latino— antecedentes quizás más serios, o más ortodoxos, también se pueden hallar por otros lados. El propio T omás proviene de una familia de origen siciliano, y sabemos la importancia que en Sicilia tuvo la actuación del mimo y las farsas callejeras. En España, por lo demás, numerosos eran los conjuntos de actores itinerantes que existían al tiempo de la conquista de América. No sería por lo tanto en absoluto sorprendente que algunas de estas formas de representación popular pasaran al Nuevo Mundo con los conquistadores, en general de origen humilde —aunque pretendamos lo contrario—; leamos, por ejemplo, lo que nos cuenta Agustín de Rojas: «Pues bien, sabed que existen ocho clases de compañías de actores, todas muy distintas. ... Existen el bululú, el ñaque, la gangarilla, el cambaleo, la garnacha, la boxiganga, la farándula y la compañía».

La tradición del bululú y del teatro de estos actores itinerantes, tan abundantes en el siglo XVI español, todavía se prosigue en América Hispánica, debido, seguramente, a nuestras peculiares condiciones sociales que obligan al «rebusque». Tomás Latino nos habla de Raúl Montenegro, por ejemplo, un auténtico bululú de origen chileno que está radicado ahora en Venezuela; los equilibristas y volatineros de la Costa Atlántica, que pueden también asimilarse a esta tradición, son famosos en Colombia; es por ello que Latino prefiere llamarse a sí mismo y a su mujer «histriones», sabiendo que fue a través de estos actores medievales como sobrevivió en Europa el arte del antiguo histrión romano; y así, directamente y con orgullo, se emparenta con todos los actores callejeros de Hispanoamérica que prosiguen con esta antiquísima tradición.

Grupo Vendimia Teatro, Bogotá

Pero, naturalmente, no podemos ser tan ingenuos como para creer que Tomás Latino y su modesto Teatro de la Calle realicen un teatro completamente tradicional o puramente folclórico; su teatro es esencialmente moderno, pues asimila numerosos elementos de la técnica dramática contemporánea actual de la cultura hispanoamericana; Latino y su mujer Staruska, además, tienen una larga trayectoria por todo el continente, hasta que finalmente parecen haberse establecido definitivamente en Ibagué, lugar de nacimiento de Staruska; su conocimiento del desarrollo histórico del teatro mundial, su dominio de las técnicas específicas del actor callejero o de salón, realista o naturalista, hablado o pantomímico, hacen de su grupo un conjunto realmente serio y profesional; así lo demuestran no sólo sus representaciones callejeras mismas, sino también las que efectúa en salones teatrales de tipo convencional.

Tomás Latino, en efecto, se hallaba a finales de la década de los años sesenta en el Perú, trabajando con el maestro Jorge Acuña Paredes en Lima; se reunió con otros varios actores y realizó una gira que partió de ese país y recorrió todo Ecuador; en Colombia, en 1971, el grupo participó en la Primera Muestra Mundial de Manizales, y luego prosiguió hacia Panamá, Costa Rica, Nicaragua, Honduras, los Estados Unidos y Canadá; en 1972 participó como representante de Argentina en la Primera Muestra Mundial de Teatro de Puerto Rico y de allí partió hacia Caracas, donde la Universidad Central de Venezuela lo acogió como propio en una confrontación de Teatros Universitarios e Institutos de Educación Superior; desde 1973 el Teatro de la Calle se estableció en Venezuela, donde dejó la semilla del teatro callejero, como en todas partes, hasta 1977; en ese año representó a dicho país en el Tercer Festival Internacional de Teatro en Caracas y asistió como delegado a la Conferencia de Teatro del Tercer Mundo; participó igualmente en el Festival Nacional del Nuevo Teatro en Bogotá e inauguró la sede de El Alacrán, grupo de Carlos José Reyes; desde entonces Tomás y Staruska se establecen definitivamente en Ibagué, como miembros del Instituto Tolimense de Cultura, donde, además de desarrollar sus actividades específicamente actorales, también han propiciado talleres con maestros del departamento del Tolima.

El repertorio del Teatro de la Calle en Ibagué incluye, entre otros espectáculos, la pieza *¡Iiii! ¡San Juan!*, estrenada en 1978 y que versa sobre el folclor tolimense; un ensamblaje músico-teatral sobre tradiciones tolimenses; un espectáculo lírico-musical titulado *La leyenda de Ambalá*, sobre tradiciones indígenas. *Mascarada infantil*, un espectáculo para muñecos, y una cantata que lleva por título *Al Tolima*, y la cual recoge fragmentos de obras musicales de varios compositores de la región, además de los espectáculos callejeros *La historia de Jonás*, *Los martirios de Colón*, y *La sentencia de Juana la Loca*, una opereta basada en el poeta venezolano Aquiles Nazoa.

La historia de Jonás, que es en rigor la obra que aquí nos interesa, es, como dejamos apuntado, un espectáculo pantomímico escrito por Staruska; hay en él, sin embargo, un elemento narrativo hablado, pues la acción, llevada a cabo la mayoría del tiempo por la propia Staruska, es ilustrada por medio de los claros y sencillos parlamentos de Tomás; él y su colega colombiano, Eduardo Mendoza, se colocan casi siempre detrás de la pequeña orquesta, consistente en un gran tambor, unos platillos, tal vez unas campanillas y un tambor más pequeño, que ellos mismos ejecutan. Existen pues en esta pieza ciertas analogías con el teatro «primitivo» de los indios de la península de la Guajira colombiana, pues se sabe que estos indígenas utilizan la narración como recurso teatral que ilustra la pantomima: ¿vínculo inconsciente con el teatro indígena?

¿Mera coincidencia? Ni la propia Staruska pudo contestarnos la pregunta con certeza.

De todas maneras, hay también en *La historia de Jonás* una curiosa coincidencia con el teatro oriental por su aspecto narrativo, así como también por la música, que enfatiza los gestos mímicos de la actriz protagonista, como en la ópera china. Es posible que aquí se trate de un conocimiento y una aplicación consciente de las técnicas de ese teatro, ya tan divulgadas mundialmente por Bertold Brecht.

El argumento de *La historia de Jonás* narra las peripecias de un joven que, agobiado por la pobreza, decide abandonar su casa para buscarse por sí mismo el sustento, ejerciendo un sinnúmero de oficios. En un momento de su vida llega a convertirse en recluta del ejército, momento en el cual la actriz, quien, como vemos, representa un papel masculino, hace intervenir al público. Escoge entre los asistentes a dos muchachos que junto a ella hacen también el papel de soldados, marchando, poniéndose firmes, manejando un fusil imaginario, haciendo flexiones de pecho, etc. Otro momento en el cual el público también participa directamente en la acción es cuando Jonás, que en ese momento es un mensajero con motocicleta, solicita la ayuda de algún espectador para reparar su máquina. Es curioso verificar cómo este público, escogido al azar, es perfectamente capaz de aceptar espontáneamente las convenciones teatrales de la pantomima, al prestarse inmediatamente a «arreglar» una motocicleta perfectamente imaginaria.

El espectáculo del Teatro de la Calle de Tomás Latino y Staruska es pues así algo verdaderamente inolvidable. Rehabilita tradiciones tan antiguas como el propio instinto del juego, pero las revitaliza dramáticamente introduciendo técnicas y motivos modernos y actuales. Demuestra no ser un ejercicio puramente académico, pues es inmediatamente aceptado por un público desprevenido y popular, participante y actuante. Por todo ello, es uno de los ejemplos de un teatro callejero que comienza a hacerse en toda Hispanoamérica y que está aportando nuevas posibilidades a un lenguaje teatral que deberían escuchar todos aquellos que, a fuerza de querer ser profundos, se han olvidado de que el teatro también ha de ser un espectáculo sencillo y divertido.

El crecimiento de *Úrsula*

Marta Morales Manchego
(*El Espectador*, Bogotá, 1992)

Como en una de las escenas de la obra de Juan Carlos Moyano y Misael Torres, esta es una «Bienvenida al mundo de los vivos, a Ursula Iguarán». El espectáculo especial del teatro colombiano en el III Festival Iberoamericano será *Memoria y olvido de Úrsula Iguarán*, ahora más madura, más angustiosa y más alegre.

A la silla de guaduas en la que se retuerce la mujer conciencia de Macondo llegan los fantasmas de la memoria, mientras el coro la golpea, la hace persistir en lo que había olvidado.

«La obra se cocina en la nevera», comenta Juan Carlos Moyano. «Día a día, en la casa que le sirve de sede al taller , se construye el montaje de teatro callejero. Los veintidós integrantes del colectivo deben resistir la humedad del teatro Cuba y la oscuridad del racionamiento eléctrico del gobierno de Gaviria».

Y, sin embargo, el país del sueño, Macondo, irradia de sol, se envuelve en la misma sábana de soledad de Ursula, porque lo que allí pasa es que la banda está en la plaza. *Memoria y olvido de Úrsula Iguarán* está lista para salir a la calle.

«Somos la contracultura. El arte que se ocupa de dejar ver las angustias y alegrías, que sale a enfrentarse con el teatro-negocio, con el teatro corroído por el virus del consumismo. Estos espectáculos no logran ser teatro en el sentido mayúsculo de la connotación artística y el Estado priva expresiones profesionales por apoyar el consumismo.»

Así, Ensamblaje trabajó con lo mínimo, buscando siempre lo máximo.

Entre las comparsas, música, coros, actuación y escenografía, se lleva a cabo esta epopeya de la literatura y la escena. La médula de la sociedad, la mujer , es una abstracción de Ursula. Ella está metida en un círculo vicioso, entre la vida y la muerte. Las imágenes afiebradas se crearon en un juego experimental del grupo que decidió montarse en la silla del teatro callejero. «Creemos en una forma escénica de altura estética y, a la vez, de fragancia popular, con la que se puede abordar la complejidad teatral.» Un laboratorio creó el montaje que verán los colombianos en la plaza de Bolívar.

Eso significa que en el ensayo de una escena se agrega una risa, un pulso nuevo. Es el teatro contemporáneo, el teatro alternativo, el que desarrolla sobre el cemento toda una rumba llena de simbolismo, fuerza y dinamismo.

«Muchas cosas salen de las improvisaciones, de la apropiación que cada actor tiene de su papel. Se trata de una experiencia de laboratorio, en la que cada uno aporta lo que sabe, cimentado en la necesidad de concretar criterios estéticos muy definidos.

En el comienzo de otros quinientos años, Ursula tiene otra personalidad, la que le da el grupo Ensamblaje. Hay que representar la muerte de José Arcadio, el ascenso entre sábanas de Remedios La Bella, la herencia de la cola de cerdo en la familia Buendía, la masacre de las bananeras y todo lo que gira en torno a la mujer cabeza de la sociedad macondiana. Para ello, del taller también surgió la idea de utilizar el maquillaje para pincelar el rostro de los personajes con el paso del tiempo. Frente a los ojos del espectador pasan los años, las amarguras y las alegrías, las guerras y los sueños.

«No hay una intención lógica de explicar la novela *Cien años de soledad*. Sólo queremos que la obra se sienta, en ella no cabe el entendimiento. El absurdo es el estilo que la cubre, así como es una alegría a lo absurdo el personaje femenino hecho por un hombre. Misael Torres, como Ursula, agrega un punto absurdo a la obra. El interior femenino de cada hombre, que sueña, que llora en silencio y en soledad, porque la sociedad le enseñó a reprimir esa emoción, ese placer. Esa es la intención de la imagen del *onegata*.

Otra experiencia valiosa, salida del taller, es la dualidad direccional. Uno guía desde fuera, Juan Carlos Moyano; el otro, desde el interior del grupo: Misael Torres, actor que presenta el personaje principal, Úrsula. Además, el espectáculo experimental busca recobrar el anfiteatro griego. Antes de estar en los recintos, el teatro estuvo en la plaza pública. Allí nació y ahora ha retornado a ella para representar las experiencias individuales que produjo la novela de García Márquez. *Cien años de soledad* es la realidad de este país. Es la muerte, la guerra. A Macondo lo amamos hasta la sangre, pero no podemos desconocer que es una tierra de misterios. Este es el silencio de la elocuencia: el teatro ritual, subliminal, espectacular,lo maravilloso, lo siniestro.

Notas

[1] Carlos José Reyes, declaraciones a Colprensa.

[2] Fray Pedro Simón, «Noticias historiales», Bogotá, Editorial Kelly, 1953.

[3] Fernando González Cajiao, «Historia del teatro en Colombia», Editorial Tercer Mundo, 1986.

[4] Según la leyenda de la historia griega, Tespis fue el primer actor callejero. Representaba sobre una carreta en las afueras de Atenas.

[5] Edad Media baja.

[6] La expresión no se reduce a la significación llana del término «calle». Se amplía a los espacios abiertos, como plazoletas, parques, etc.

[7] Se desarrolló en la mayor parte de los países latinoamericanos. Su objetivo era abiertamente político. Augusto Boal ofrece el resultado de sus experiencias y de sus investigaciones en «Técnicas Latinoamericanas de Teatro Popular», Ediciones Corregidor, Buenos Aires, 1979.

[8] Movimiento que rompió con el engranaje comercial de Broadway y Nueva York y se refugió en las callejuelas laterales y en el sector bohemio de Greenwich Village. Ofreció, en muchos casos, una alternativa experimental hacia los espacios abiertos.

[9] Estos, seguramente, son apenas unos pocos de los grupos dedicados al teatro callejero; citados en gracia al contacto directo que el autor del artículo tuvo con ellos, en distintos lugares y momentos.

[10] Es innegable que los oficiantes del teatro callejero, en su mayoría, no sólo efectúan volantines e interpretan personajes: además, y sobre todo, asumen unaactitud ante los despropósitos de la época. Esto, de hecho, compromete otros niveles de la práctica y del pensamiento. La ausencia de bibliografía hace dispendioso cualquier intento investigativo. De todas maneras, se está acumulando material y existe un proyecto de análisis amplio.

Capítulo 4

El teatro taller
de Colombia
1972 - 1997 25 AÑOS

Popón El Brujo del Teatro Taller de Colombia

EL teatro taller de Colombia: La resurrección del atavismo

Fernando González Cajiao
1990

Tendrían que ser los sicólogos, o tal vez los antropólogos, quienes nos expliquen científicamente por qué y cómo subyacen por generaciones en el ser humano ciertos atavismos en apariencia totalmente desaparecidos, que de pronto resurgen como por arte de magia en una forma que parece muy moderna y es, sin embargo, milenaria; en el mundo biológico de los seres vivos, sin duda, esa sorprendente resurrección puede explicarse por la ley de la evolución de las especies, ¿pero cómo explicarla en el mundo espiritual, en el mundo de la cultura, la ciencia y el arte, que siempre se nos ha enseñado tan distinto al material, como obedeciendo a leyes totalmente aparte? Es, en efecto, como si hechos muy remotos en el pasado yacieran siempre escondidos en un subfondo síquico inexplorado y temido, que no es exactamente la memoria, porque no está constituído por experiencias vividas individualmente; yacen en un profundo subconsciente, que llamamos a veces colectivo, que cada uno de nosotros lleva muy adentro sin llegar jamás a conocerlo; sólo los grandes artistas, quizás los místicos y los visionarios científicos, logran acceder a él y saben que esas profundidades anímicas existen; sólo algunos de ellos logran expresar luego coherentemente ese fondo en el mundo del consciente, por medio de leyes físicas o matemáticas, de intuiciones religiosas o de grandes obras de arte. ¿Cómo? Por una especie de revelación que parece milagrosa, que se logra en esas grandes intuiciones a las que sólo llegan los valientes, los excepcionalmente veraces y sinceros, después de un humilde, silencioso, oscuro y arduo trabajo de perfeccionamiento que busca ante todo lo más obvio, lo más simple, es decir, la naturaleza misma; el proceso, a mi modo de ver , puede ser semejante, tomando el ejemplo del mundo instintivo de la biología, al de los primeros anfibios, que, al subir, siendo todavía peces, al nuevo mundo, se transformaron, de manera perfectamente natural, en mamíferos, los cuales, sin embargo, aunque respirando el aire, no olvidaron jamás sus humildes orígenes acuáticos.

Eso debió ser lo que me pasó al ver mi primera obra del Teatro Taller de Colombia. Se trataba de *La cabeza de Gukup* (título alucinante), presentada en la plaza y calles de la localidad de Chía, no lejos de Bogotá; aunque, racionalmente hablando, poco o nada entendía del llamado «contenido» de la pieza, es decir del significado racional de esas figuras fantasmagóricas enormes, de esas telas multicolores, de esa música que parecía venir de otros mundos, todo me hacía sentir que estaba presenciando algo muy original, sí, pero, al mismo tiempo, algo muy antiguo, algo que yo ya recordaba. Y aunque no podía precisar qué extraña raíz ancestral era esa, la magia del espectáculo, que, claro está, estaba también preñado de poesía, me seducía con su verdad aún no comprendida: y recordé lo dicho por un ascensorista anónimo al poeta García Lorca cuando éste le preguntó a aquel qué opinaba de uno de sus poemas: «No entiendo nada, pero me encanta», le dijo, instintivamente.

Con el paso de los años he seguido con interés la trayectoria del Teatro Taller de Colombia, un grupo que, ya entonces - a comienzos de la década de los setenta - osaba hacer cosas que se apartaban mucho de las que otros grupos teatrales intentaban; todos ellos buscaban, sin duda, con la mayor sinceridad y sin prejuicios, hacer un teatro que reflejara nuestro más íntimo ser y que fuera, de rebote, popular; una vertiente se dedicó entonces a la investigación y profundización del folclor nacional, de las tradiciones regionales, las cuales, se pensaba, darían automáticamente ese íntimo ser; otra adoptó la fórmula «científica» de un teatro político que se fundamentara en el materialismo dialéctico; y así todos fuimos llenándonos la cabeza de «soluciones», de estereotipos sobre el teatro popular; por un lado los «nacionalistas» folclóricos que no lográbamos superar la anécdota, por el otro los «pragmáticos» de la revolución que derivaban irremediablemente hacia un esquematismo ideológico y un estancamiento de la auténtica creación; todos estábamos así matando, antes de nacer, las grandes intuiciones - que no toleran los encasillamientos - de que está hecho el arte; el teatro político, que ingenuamente llamábamos «revolucionario», no lograba hacernos conscientes de que la fundamental revolución ocurre calladamente en el espíritu; el teatro folclórico, a su turno, que buscaba desesperadamente las raíces, aún las irracionales, se quedaba angustiosamente en la superficie, en la anécdota pintoresca; sólo raras veces, aunque se daba, el resultado era una confesión sincera, sin prejuicios o esquematismos; era, en consecuencia, la revelación de auténticos atavismos, de verdaderas profundidades y hallazgos.

El Teatro Taller de Colombia, que todavía no tenía nombre, empezaba entonces su propia búsqueda, la cual, más tarde, mostraría su deuda con las dos vertientes, sin ser exactamente ninguna de ellas. Jorge Vargas y Mario Matallana hacían parte del grupo La Mama, interesado entonces sobre todo en las teorías de Antonin Artaud, con su teatro de los instintos, y de Jerzy Grotowski, con su centro de interés en la biología del actor; estos teóricos sin duda les mostraron el inexplorado mundo de los instintos; pero en la época les era también imposible ignorar el mundo de la teoría racional, el de la formulación política, como se expresaba, principalmente, en el «distanciamiento» de Bertold Brecht, el cual, precisamente, pretende hacer reflexionar, convencer, iluminar; incluso, quizás, adoctrinar. Todo eso, pues, formaba, y forma aún, parte del bagaje espiritual del Teatro Taller de Colombia; pero aún no hallaba expresión nueva, original; como las «soluciones» teatrales de la época no satisfacían aún su propia llamada interior, su voz atávica, Vargas y Matallana emprendieron un recorrido no sólo interior sino también exterior, por toda Centroamérica; realizaron su primer espectáculo independiente, titulado muy significativamente *Los orígenes*, en países como Costa Rica, Panamá, Guatemala, Nicaragua y México. Sin saber exactamente qué buscaban, con esa obra daban los primeros pasos del teatro callejero; en los Estados Unidos el teatro chicano de California los afirmó en su búsqueda; el teatro chicano trabajaba las creencias populares de grupos segregados en una amplia sociedad cosmopolita, era la afirmación de su propia identidad; ellos, que andaban en el extranjero, sin duda sintieron con fuerza esa necesidad de identidad; pero se hallaban alejados de Colombia y su folclor que no decía nada a un público estadinense; sin duda tuvieron que superar la anécdota, para llegar a verdades más universales; buscando estos nuevos «contenidos», tuvieron también que hallar formas más universales, es decir , válidas para cualquier público; iban así hallando, poco a poco, al adaptarse a una sociedad extranjera y a la necesidad de una creación callejera, unas respuestas que constituyen la base instintiva, evolutiva, de su estética del teatro callejero.

De regreso a Colombia, el Teatro Taller de Colombia —así llamado casualmente en Panamá por un comentarista de prensa—tenía un concepto bastante claro de lo que era, porque le había tocado sobrevivir en una sociedad distinta a la colombiana; participó, en 1975, en el Festival del Nuevo Teatro de Bogotá; su acogida confirmaba que esta visión correspondía a una expectativa del público; su teatro no era la manifestación de esquematismos ideológicos, revelaba instintos y creencias populares sin especificar exactamente cuáles; desde entonces el grupo logró conformarse con un buen número de actores estables, profesionales en su oficio, que siguen dispuestos a investigar, a experimentar, a hacer evolucionar las formas del espectáculo al aire libre a medida que se presentan las necesidades; utilizan todas las técnicas posibles: las del circo, las de los culebreros, la música, los ejercicios acrobáticos, en fin, todo lo que pueda ayudar a capturar la atención de un público tan difícil como el callejero.

Ícono Solar

Gracias, en buena parte, a la labor desarrollada por el Teatro Taller de Colombia, el teatro callejero se ha convertido en una forma dramática imprescindible en nuestra sociedad; es una alternativa válida al teatro de pensamiento, hecho en salones de público cerrado, y al teatro frívolo comercial, hecho en cafés o grandes salas de espectáculos; es el teatro más accesible a las grandes masas populares, que no son, por un lado, intelectuales y, por el otro, económicamente pudientes; desde 1975, por ello, buena parte de los teatristas estamos pendientes del trabajo que realice el Teatro Taller de Colombia, pues sus hallazgos ya hacen parte no sólo del patrimonio dramático nacional, sino aún internacional; se ha presentado en Perú, V enezuela, Estados Unidos, Guatemala, México, Italia, Suecia, Noruega, Dinamarca, España, recientemente en Cuba y Brasil; su influencia se ha dejado sentir en encuentros, muestras, talleres, conferencias, festivales y coloquios en varios países del mundo.

De manera que si son importantes los logros del Teatro Taller de Colombia, también lo son sus responsabilidades. Pero cada época plantea nuevos problemas y el hallazgo de nuevas respuestas; si se trata de sobrevivir, también se trata de evolucionar; después de más de veinte años de labor continua, el Teatro Taller de Colombia no tiene pues solamente que sobrevivir, tiene que aportar; y es indudable que hoy en día comienza a enfrentarse al problema del virtuosismo; el propio grupo, en efecto, ya ha sentido internamente un cierto desequilibrio entre sus grandes logros técnicos, que al principio eran la expresión de una búsqueda de contenido, y la superficialidad de lo narrado; el espectáculo, en efecto, no puede limitarse a eso, simplemente; el público quiere que se le cuente, concreta y comprensiblemente, una historia, porque la técnica y el virtuosismo actoral están al servicio de la obra. De manera que quizás volvió a llegarle el momento al Teatro Taller de Colombia de regresar a uno de los orígenes del teatro: la palabra, el texto, como otro de los medios de comunicar   . Ello significa replantear la dramaturgia, una dramaturgia callejera que no olvide las adquisiciones ya hechas; debe volver a descubrir, como en sus primeras representaciones, la fuerza del lenguaje hablado como medio teatral que debe añadirse al actor , el movimiento, la música y el gran espectáculo.

El teatro colombiano, para concluir, todavía puede aprender la lección de los estereotipos; cuando nació el T eatro Taller de Colombia los que pretendieron llegar a las masas por medio del sermón político o del folclor tuvieron que replantear sus intenciones; lo mismo ocurre hoy en día, más o menos, con quienes creen que dándole gusto a la frivolidad del público por medio de un teatro desechable comercial, van a hacer teatro popular; muy pronto, estimo, volverá a enfrentar el teatro colombiano una crisis de identidad, si creemos que el público no se va a cansar de las lentejuelas muy rápidamente; pero la existencia de grupos como el T eatro Taller de Colombia, que están buscando ser profundos, constituye una esperanza; en 1972, en efecto, presentaba una propuesta válida que ha podido sostenerse por veinte años; es de presumir que hoy también va a saber hallar la propuesta que logre sostener el interés propio y del público por otros veinte años, a lo menos. Es decir, podemos tener esperanzas para el teatro colombiano de más allá del siglo XX.

Historia
de gnomos ambulantes

Jairo Santa, 1984
(Tomado de la revista *Actuemos* N°10)

Por las calles del barrio la Candelaria ha pasado la historia ciudadana de nuestro país. La calle décima es una de las más interesantes de este barrio; en cada casa vivió un «prócer» o «padre de la patria»; en esta calle está la ventana por donde saltó una noche confusa don Simón Bolívar y casi al frente el famoso Teatro Colón, por donde han desfilado desde hace muchos años los más dilectos y destacados espectáculos tanto propios como extraños.

Pues bien, en lo más empinado de esta calle, ahí en el límite donde empiezan los barrios ya no históricos sino pobres de la historia, el barrio Egipto, hay una casona que los niños señalan como el lugar donde viven «unos extraños señores con pies largos que danzan casi por el aire, y que, cada vez que salen de su casa, ponen al barrio de fiesta con cuentos de colores y música alegre.»

Una vez adentro, es como llegar a la casa del gnomo y encontrarlo desprovisto de sus poderes mágicos y entregado a la cotidianidad. Aquí tuve oportunidad de saber infinidad de secretos de estos seres reales que maravillan a los niños del barrio.

Me pregunto por qué deciden hacer teatro callejero, ahora que el espacio público es el espacio agresivo que no convoca al ritual colectivo, al carnaval, al encuentro con los otros; pues la calle en nuestras ciudades es el escenario para la confrontación violenta y expresión del caos. Hoy el espacio público es el lugar tenebroso que disocia. La calle sirve como espacio de escarnio público, espacio para degollar cadáveres, lugar de asesinatos y fusilamientos. Imágenes callejeras que se vuelven hogareñas por arte de magia de la televisión.

«En un inicio hicimos teatro para sala. En la primera gira por Centroamérica hicimos una adaptación en Semana Santa de la pasión de Cristo y la presentamos por la calle alrededor de la cuadra. Muy interesante, porque había mucha gente y era la primera vez que se celebraba un acto de éstos en vivo, allá en California. Era un poco teatro pancarta, estábamos apenas despegando en busca de nuevas posibilidades del hecho teatral. Para nosotros fue este primer espectáculo al aire libre el que nos marcó la pauta para seguir adelante, buscando siempre nuevas posibilidades, siempre en espacios abiertos.»

¿Qué cosas hacen diferentes al teatro de sala y el de calle?

Son modalidades distintas, ambos teatros exigen un tratamiento diferente; no se puede trabajar con el mismo espacio de la calle en la sala, ni el mismo lenguaje; tampoco pueden funcionar las mismas imágenes, ni la música; inclusive la historia no puede funcionar de la misma manera. Hay que encontrar una diferencia con el teatro que sale a la calle; se puede transportar un teatro de sala a la calle, a un espacio al aire libre, pero ésto no le da categoría de teatro callejero; éste es un teatro que sencillamente cambia de espacio. El teatro de calle es un teatro que deambula; su misma categoría de callejero implica deambular como en una especie de nomadismo, un «nomadismo escénico», donde el teatro callejero ya viene a contemplar la necesidad de tomarse el espacio y apropiarse del escenario natural que brinda la calle. En el teatro de sala, comúnmente el espacio está trabajado en función del personaje, en el teatro callejero no está el espacio a disposición del personaje, sino el personaje a disposición del espacio.

En la calle el actor tiene que manejar ya no un lenguaje verbal, porque queda insuficiente; si se utiliza, debe utilizarse para causar gran explosión, para decir lo que cotidianamente no dice el lenguaje; ahí está el secreto de la utilización del verbo. En el teatro callejero, entramos a manejar un lenguaje de imágenes sugestivas que van hiladas por toda una historia que nosotros creamos y creemos.

¿Para el teatro callejero lo primordial son la imagen y la composición escénica, ¿qué función le queda entonces a la palabra?

La palabra entra a funcionar en una forma mesurada, es decir en una forma inteligente en el sentido de que las palabras logren cobrar también una imagen que el actor pueda desarrollar, por ejemplo en una danza, en una acrobacia, o en el manejo de los zancos. El trabajo callejero se viene apropiando así de toda una serie de elementos, ya no es a ese nivel verbal, sino de símbolos. Por ejemplo en los zancos, que son para nosotros como nuestro tablado callejero, logramos realmente manejar estos espacios; esa tridimensionalidad del espacio que, generalmente, la sala mutila y vuelve lineal.

El lenguaje en la calle debe ser mucho más fuerte y más vistoso que el utilizado en la sala; el lenguaje tiene que ser el movimiento del actor; el ritmo, por ejemplo, que corre en un espectáculo en la calle, es muy diferente al que corre en un espectáculo de sala. Por eso es muy importante que el teatro callejero maneje varios lenguajes.

El teatro callejero no puede llevar a una plaza donde el espacio es bastante amplio una obra en la cual se establezcan diálogos, donde tenga que existir una interpretación textual, por una serie de matices, de tonalidades, que al aire libre se perdería; entonces, lógicamente, que lo que nosotros hacemos es inventarnos o traducir este lenguaje en imágenes, traducirlo con otros recursos que no sean exactamente el diálogo, ni exceso de palabras, sino más bien a través de una poesía, de lenguaje visual, que de todas maneras tendría que darle al público su propio significado en cuanto a lo que se quiere decir, en cuanto a un texto, o sea, que puedan ser utilizados otros recursos para poder así suplir la posibilidad que existe en la sala de establecer diálogos.

El público del teatr o callejero está expuesto a una cantidad de cosas que lo están distrayendo, interrumpiendo, como los ruidos del tráfico, gritos de vende-

dores, etc. ¿Esto no lleva a simplificar los contenidos de las obras o a llegar a crear personajes muy esquemáticos?

No necesariamente esquemáticos. Muchas veces tenemos que recortar un espectáculo al poco tiempo; no podemos hacerlos tan extensos, porque el público, el transeúnte, no se va a quedar tres horas; y por eso hemos tratado de sintetizar y dejar espectáculos cortos; utilizamos la música, los zancos, el colorido, imágenes que de una u otra forma atraen a la gente para que, por lo menos, en un lapso de media hora, podamos tenerla con atención fija en el espectáculo; pero ésto no hace que nosotros nos volvamos esquemáticos en el sentido del contenido, de personajes; por otro lado, tenemos una capacidad sugestiva muy fuerte.

¿No existe el riesgo de que el contenido se vuelva tan simple que se llegue a perder y que se quede simplemente en espectáculo de imágenes desarticuladas?

Eso es relativo, depende de cómo uno perciba la obra y de cómo se perciba el contenido que se quiere expresar. Si hay una especie de síntesis y tratamos de darle una estructura, aunque no se pueda en algunos aspectos, que sí podrían tener las obras en las cuales se tienen diálogos y en las que se pueden desentrañar aspectos sicológicos, aspectos dramáticos de una índole mucho más particular, entonces, en ese sentido, a veces damos una solución más simbólica por medio de unos signos mucho más generales, más amplios; pero, de todas maneras, nuestra búsqueda está precisamente en no caer en eso que estás hablando; al contrario, cada día queremos recoger una historia que tenga toda una estructura bien precisa, y, además, que pueda desenvolverse en una forma literaria con todos sus conflictos y los pormenores que puede tener una obra dramática.

Cuando se habla de símbolos y códigos nuevos, hay necesidad de cr   earlos teniendo en cuenta la cantidad y la diversidad del público que hay en el espectáculo callejero, un público tan heter ogéneo y que está cir culando permanentemente. ¿Qué tratamiento se da a esos nuevos códigos pr   opuestos para que sean comprensibles a todos?

Nosotros decimos que no podemos usar un símbolo que es desconocido por la gente. Debemos usar algo que traiga un mensaje, ya sea de color, ya sea de sonido, de voz, si es necesario, y, si la escena o el momento lo exigen, intentamos que haya muchas maneras. De acuerdo con el nivel cultural y social, la gente le da su propio significado; nosotros tampoco queremos dar un teatro demasiado obvio, esquemático, simple en su contenido o que sea muy diciente; al contrario, creemos que en la medida en que sea más simbólico, en esa medida la gente empezará a darle su propia interpretación y empezará a ser creativa; si la gente a veces no ve las cosas tan claras, empieza a utilizar su creatividad, su imaginación, es decir, se convierte en un espectador activo; creemos que es una forma de darle la oportunidad a ese espectador de volverse activo, no que esté ahí de forma pasiva, en donde todo se lo estamos dando digerido y él lo único que hace es vegetar haciendo la digestión. El público en muchas ocasiones nos ha cambiado las historias; nosotros llegamos con nuestras historias y a tratar de confrontarlas con la práctica, pues ellos nos dicen lo que entendieron; y eso nos lleva a replantearnos el mismo trabajo, a ver qué lenguajes estamos manejando, con qué símbolos nos estamos expresando; y nos ha sucedido realmente que nos ha tocado trasponer escenas o trabajar más un personaje o una escena para que las cosas sean todavía más claras, porque también el teatro callejero necesita una depuración de la imagen y del lenguaje.

Este teatro le da la posibilidad a cada espectador de hacer su pr   opia historia; ¿pero cómo llegan ustedes a su pr   opia historia y cómo empiezan a desarr   ollarla?

A veces partimos de un tema, a veces partimos de una idea, a veces partimos de una obra literaria o teatral, de una poesía, o muchas veces también se parte de ideas que van surgiendo en el mismo seno del grupo o a partir de las propias necesidades de los actores, es decir, nos vamos creando nuestras propias historias, las vamos tratando de traducir; depende del espectáculo; ha variado bastante este proceso de elaboración; pero siempre partimos de un tema específico que comenzamos a desarrollar poco a poco. A veces nos valemos de material literario para poder profundizar en un personaje, en una historia; eso nos ocurrió con el Popol Vuh, de donde surgió *La cabeza de Gukup*. Partimos de una estructura mitológica, empezamos a improvisar y a partir de las improvisaciones fueron surgiendo los personajes, se fueron construyendo también las escenas de acuerdo a lo que nosotros creíamos que debía ser escenificado y así fuimos construyendo la historia. En nuestra práctica del teatro callejero, el último que surge es el texto hablado, antes viene el texto de imagen, vienen las ideas, las improvisaciones, vienen los personajes, el lenguaje, hasta tener una estructura de acción, una estructura de imágenes.

En esa construcción de estructuras e imágenes, ¿en qué momento apar   ece la música?

La música va resultando a medida que avanzamos, que vamos armando todas esas ideas; el color viene después, no surge hasta no ver la reunión de todos los lenguajes; entonces uno mira y... como que éste es el color apropiado para la obra, o los personajes, es decir, que la misma historia nos propone el color, nos da el ritmo, el texto hablado, y la música cambia permanentemente en este proceso; incluso cuando terminamos de construir la obra, de montarla, es cuando realmente venimos a escribir las historias finales.

¿Su trabajo podría llamarse cr eación colectiva?

El término de creación colectiva es algo que usamos como método de trabajo, pero en realidad en el teatro de todas maneras existen áreas que exigen la división del trabajo: un director de escena, un autor, etc.

Hemos hecho varias propuestas, unas veces con director , muchas veces el autor es de nuestro grupo. Creemos que el autor, así como el director de escena, cumplen una función importante para darle cohesión, unidad, a un espectáculo. Ellos son como el lector que está viendo desde afuera, para poder darle formas a lo que están haciendo los actores; los actores están creando los personajes, las escenas, un espectáculo; pero se necesita una persona que esté viendo lo que están produciendo los actores.

¿De los trabajos del grupo, cuál consideran ustedes el más importante?

Pues, el próximo. Cada uno ha tenido su propio proceso, sus propios resultados. Para nosotros, todos han sido importantes, siempre nos han dejado algo.

Cada espectáculo es para nosotros un nuevo reto para encontrar nuevas posibilidades. Es decir, terminamos un espectáculo e inmediatamente sur ge otra propuesta; entonces tenemos que cambiar lo que hicimos en la anterior Aquí siempre pensamos que el nuevo espectáculo que vamos a emprender va a ser el mejor , es el reto no de llegar, sino de ir más lejos de lo que hemos hecho. Ahí está la clave de la creatividad, nunca quedarnos en lo pasado, hay que luchar siempre, porque nosotros creemos que el arte teatral y el arte del actor son la lucha de uno mismo; por eso creemos que el próximo espectáculo va a ser mejor.

Como fondo de conversación, hemos tenido la música que busca ganarse la atención de todos; es como ese llamado ancestral a la lucha por una trompeta y los tambores que han crecido a tal punto que ya no podemos ni hablarni oír nuestra conversación, y creo que es el momento de terminar la entrevista, pues el tambor llama a la lucha, llama a la reacción, que no es más que la lucha entre el actor y la cotidianidad para liberar al hombre en la ruta hacia nuevos mundos y nuevas sensaciones. Y yo regreso por esa misma calle vieja, pensando que por aquí todavía se hace la historia; sólo que un poco más arriba de la ventana por donde saltó Bolívar para salvar la vida, del majestuoso Colón y de las casas de los próceres.

Montajes memorables

El génesis teatro político de Colombia

E. A. Moreno Uribe
(*El Mundo Internacional*, Caracas, 1975)

De una nación que todavía no ha podido encaminarse por los senderos de la paz y la justicia, de un territorio que tiene casi un millón de tumbas por una guerra civil no declarada, de un país que a diario es abandonado por sus hijos para buscarse un horizonte mejor, de un conglomerado cuyos amos llevan cien años en un sórdido soliloquio, en fin, de Colombia, han venido dos jóvenes actores, Joge L. Vargas y Mario Matallana, con un espectáculo didáctico y político, titulado *El génesis*, pulcramente realizado en su parte técnica, aunque esquemático y peligrosamente elemental en su marco teórico, y el cual presentaron durante el pasado fin de semana en la sala de concierto de la Universidad Central de Venezuela.

El génesis es un audaz trabajo artístico-político del Teatro Taller de Colombia, como pomposamente llaman Jorge L. Vargas y Mario Matallana a su grupo. *El génesis* es un buen intento de ese teatro elemental, de ese teatro simple que tanto buscó Bertold Brecht.

El texto de *El génesis*, narrado en unas ocasiones e intepretado en otras, tiene como guía la concepción materialista de la historia y por consiguiente en el discurso teórico de la pieza se realiza a cada instante una acción totalizadora de la realidad. Allí cada fenómeno tiene su explicación, o sea que es trasvasada hasta llegar a su realidad, a «la cosa misma.»

La estructura dramática de *El génesis* está planteada con base en un largo prólogo, seguido de varias escenas completas y culminada con una sección de teatro *happening*.

El prólogo de *El génesis*, a nivel escénico, está conseguido con base en el juego de los dos actores con una inmensa sábana blanca en la cual se envuelven y hacen figuras grotescas, acompañadas de ruidos vocales. Con ésto quieren los actores-autores explicar los orígenes del hombre, a partir de la evolución de una especie menor

En una primera escena se ve el largo proceso del aprendizaje del hombre en un mundo salvaje. Y en las escenas posteriores se aprecia cómo el hombre va dominando a la naturaleza y haciéndola útil para sus necesidades. En esta etapa de la sociedad primitiva, el hombre se apodera de las pertenencias de sus compañeros de especie y se suscita así una dependencia o esclavitud.

Creo que Jorge L. Vargas y Mario Matallana, en busca de un lenguaje claro y asequible para todo tipo de públicos, plantearon el origen de la lucha de clases en una forma simple y un poco anti-historia, pues ellos saben muy bien que es la acumulación del excedente de la producción y la apropiación del mismo por una de las castas (sacerdotales, gubernamentales o militares) la que origina la dominación y por ende, la tan conocida pugna inter-clases.

Pero dejando atrás esa falla en su marco teórico, Jorge L. Vargas y Mario Matallana corporizan en el escenario la conquista española de las tierras americanas y la dominación de sus aborígenes, siguiendo con la nefasta colonia y las luchas independentistas, para culminar con la explotación de las compañías multinacioneles y el derrumbamiento de las mismas por la acción combinada del pueblo en procura del poder político y económico.

El génesis es la historia de la humanidad, pero contada por los que sostienen que esa humanidad es la historia de los derrotados.

Respecto a su realización técnica, *El génesis* es un buen trabajo, tanto a nivel actoral como en el plano de la *mise en scène*. Y aquí nos ha tocado verlo después de unas trescientas funciones, lo cual es un *average* a su favor.

En cuanto a la utilización del público en las escenas finales, y por cierto las que mayormente cuestionan a las clases opresoras, es acertadísima y conlleva a que los espectadores se diviertan con ver a sus compañeros de butaca participando en el espectáculo y al mismo tiempo pensando en la seriedad del mensaje que se les está transmitiendo, casi a un nivel subliminal.

Hay que observarles a los actores el tono de sus voces, las cuales no tienen un tono internacional, sino que responden a un acento regional. Si este detalle es superado, podría ayudar mucho al montaje en términos generales.

Y, para finalizar, sólo queda felicitar a estos dos muchachos colombianos por su calidad profesional y la claridad con que expresan lo que creen. Este espectáculo me ha hecho pensar que en Colombia algún día se cante y se llore con alegría aquello de «cesó la horrible noche...»

Cuando las marionetas hablaron

Enisberto Jaraba-Pardo (*La República*, Bogotá, 1976)

El domingo pasado, en la sala del Teatro Municipal Jorge Eliécer Gaitán, el Teatro Taller de Colombia presentó la obra infantil *Cuando las marionetas hablaron*, creación colectiva dirigida por Jorge Vargas. El anterior montaje del Taller ha sido la obra *El génesis*, que tan elogiosos comentarios despertó entre los teatristas por la efectiva incorporación del público al desarrollo de la pieza: tanto fue así, que los otros grupos trataron de hacer el mismo intento, pero sin alcanzar la misma efectividad lograda por *El génesis*.

Crupo
La Loca Compañía
(Armenia)

Cuando las marionetas hablar on está precedida de un prólogo circense en el que los actores irrumpen sorpresiva y alegremente por entre el público, haciendo que éste participe en el juego: consiste en la entrada de payasos, magos, malabaristas, muñecos gigantes, músicos, enanos, etc; ellos se toman la sala del teatro con gran algarabía a semejanza de los juglares medievales o de los *happenings* modernos, en lo que la comunión con los espectadores es realmente admirable. Después de un juego lleno de colorido, empieza la trama de la obra, cuyo argumento cuenta la historia de cinco marionetas encadenadas a la suerte de trabajos forzados; ellas son obligadas por el titiritero avaro que las somete a su voluntad arbitraria. Las marionetas se lamentan de su destino y piden la ayuda de los niños, quienes suben al escenario a liberarlas. Sin embargo, el viejo logra engañarlos y nuevamente se encuentran prisioneras, esta vez obligadas a trabajos más despiadados. En un coro espontáneo emocionante por parte de los asistentes, en toda la sala se escucha «¡Libertad, libertad, libertad para las marionetas!», lo que obliga al titiritero a huir presuroso, mientras los niños lo castigan con «prolongadas cosquillas», dejando a las marionetas hacer la felicidad de los asistentes con sus cantos y sus bailes. Al final de la representación nuevamente se aprecia el juego inicial con los payasos, músicos, etc., logrando una verdadera fiesta entre los actores y los espectadores.

Cuando las marionetas hablar on está llamada a ser punto de referencia para las futuras representaciones infantiles; entra con fuerza al complejo mundo infantil, recreándolo con gran colorido y animación inusitada.

En la pieza los niños dejan de ser simples espectadores para convertirse en partícipes activos del montaje. Ellos acompañan a los diferentes personajes por el mundo de la magia y el color en el que el ideal es una vida pletórica de amor, amistad e igualdad entre todos.

Cuando las marionetas hablaron mezcla la fantasía y la realidad, produciendo situaciones explosivas de hilaridad entre los asistentes. Los integrantes del Teatro Taller de Colombia, gracias al dominio absoluto demostrado en el escenario y al conocimiento de la sicología infantil, logran enfrentarse con éxito a las diferentes reacciones de los chiquillos, quienes disfrutan al máximo de las situaciones que suceden en escena, que divierten y educan sin pretensiones ideológicas. Todo ello hace del Teatro Taller de Colombia un grupo experimentado y valioso para el futuro de las artes escénicas en Colombia.

Admirable la actuación de Rocío Arboleda como la marioneta bailarina, de Mario Matallana como marioneta payasito y de Mauricio Castañeda en los papeles de dama acróbata y marioneta pirata.

Igualmente vale la pena destacar la actuación convincente de Víctor Matallana, Javier Montoya, Juan Carlos Moyano y la conducción musical de Miguel Angel, quienes aportaron su talento interpretativo para hacer de *Cuando las marionetas hablaron* la obra teatral infantil más importante de los últimos tiempos.

Para Jorge Vargas, actor y director general del grupo, los aplausos merecidos por obsequiarnos una obra de alto contenido artístico, con lo que el teatro para niños logra definitivamente encumbrarse a la vanguardia del arte en el país.

La cabeza de Gukup

Patricia Aguirre
1984

> *Gukup* nació de un sueño sin luz ni fondo,
> entre dolor de aves y espanto de ancianos,
> dueño de las plumas del poder y la leyenda:
> rey de las cenizas doradas de la edad quieta.

Gukup nace de la literatura para hacerse teatro. Se hace al teatro para volverse calle, verso otra vez, hinchado en el viento de la ciudad. Gukup, polifemo de ciudad, nace de la placenta templada de la muerte. Todo es símbolo que se traspone visualmente: una tela que se va inflando, en pujos de recién venido para dar a Gukup su centro. Gukup mostrará entonces su máscara de desprecio. Su rostro de caos coronado se alza por encima de nuestras cabezas. El sol brilla mientras Moyano-Gukup se encarama en unos zancos, comprometido con la muerte de Gukup.

Teatro Taller de Colombia

El grupo ha llegado al parque, espacio libremente convencional. La gente, extrañada por la papayera, lo sigue. Bogotá sale de su agotamiento, mira a los seres ciclópeos, algo ha roto las calles: baile, música, las bacantes han llegado al bosque y pueden ascender. Entre ruidos de bocinas, el canto sube, los actores se desplazan, la gente se va acercando, todos sabemos lo curiosos que somos. Hacemos un ruedo, guiados por la magia de Gukup y de Chima, mezcla de pájaro y deseo. No cae el telón, no se apagan las luces. Es el mundo cotidiano que se rompe, sucumbe a la música, el anhelo, Gukup nos hace olvidar el cotidiano acaecerSu señorío es penuria, caretas de tristeza inundan nuestros recuerdos hasta que la Chima, compañera de Polifemo, hembra pájaro, se le une en cópula: lluvia de polvo lunas, la sombra se divide, nace el Abanderado. Fatiga de destiempo preguntará por la luz, el fuego del sol. T odo se ha ido, Gukup reina.

Se deshace la pompa y su insignia será la libertad. Se alza el grito del fuego. El sueño de espasmos marca su fin, el anciano tiempo lo ayuda. Gukup sucumbe en estertores de ahorcado. Ulises podrá huir de su isla. La noche podrá arrebatar a la Chima y nosotros nos podremos ir a la casa. Sólo que el nerviosismo ha roto nuestra disciplina de espectadores y ahora danzamos un aquelarre de ciudad, un acople de tímpanos rotos. La tarde ha brincado sobre el sol y lo tenemos, el Abanderado lo tiene y no nos cansamos de bailar, bacantes estreñidos por Bogotá, agotamos el poco de espontanei-dad que la cabeza de Gukup, al rodar en desbandada, nos despierta. Gukup muere en un sueño sin entarimado, dueño de las sombras, los pitos y el tiempo, en el fondo del gris que vemos al seguir nuestro camino.

En los parques se reinventan los sueños

Carlos Gutiérrez Cuevas
(Bucaramanga, 1983)

Es una tarde fría y gris como cualquier tarde de domingo en el Parque Nacional de Bogotá. Por los lados de la torre del reloj, un viejo fotógrafo espera una pareja que quiera retratarse entre las flores. Dos ancianos caminan de la mano añorando otras tardes frías y grises de domingo, mientras una niña de trenzas corre entre los vendedores de globos y los enamorados pobres. Repentinamente tres hombres montados sobre zancos que lucen vestidos rojos, lila y negro, cubiertos con cascos y escudos medievales, aparecen cabalgando al son de una fanfarria.

Cinco horas antes, en una amplia casona del barrio la Candelaria, nueve muchachos corrían buscando con afán una máscara, empacando una corneta y asegurando tres caballos de hierro que más tarde servirían para ser montados por los hombres en los zancos: Mario Matallana, Jorge Vargas, Beticita Calvo, Ricardo Gaitán, Orlando Moreno, Humberto Castilblanco, Jacqueline Martínez, Jorge Giraldo y Juancarlos Moyano son sus nombres y ellos son el Teatro Taller de Colombia.

Los ancianos se sientan sobre el prado, la niña de trenzas aplaude con los otros niños a una bestia de dientes agresivos y argolla en la nariz que tira una jaula en la cual va un muchacho asustado. Los guerreros en zancos azuzan sus caballos metálicos mientras prosigue la música. El viejo fotógrafo mira ese desfile de locos y pierde las esperanzas, porque todos los novios corren detrás de los artistas.

Todo comenzó hace seis meses. El Teatro Taller fue invitado a participar en un festival en Suecia. Con su obra *La cabeza de Gukup* obtuvieron un buen éxito que les permitió conocer las experiencias del Teatro Odin de Dinamarca, el Grupo Núcleo de Italia y recibir talleres de Eugenio Barba y Leo Basi. Allí empezaron a discutir la idea de su última obra: *El inventor de sueños*.

El desfile rememora la llegada de los circos a los pueblos para dar paso a un pequeño carnaval con pólvora y vacaloca animado por música de cumbiamba. Un saltimbanqui se convierte en domador, la fiera deja la jaula y persigue a los niños del público entre los que corre una pequeña de trenzas. Los ancianos se paran asustados y el fotógrafo viejo sonríe recordando las fiestas del patrono de su pueblo, mientras la vetusta máquina de retratar espera paciente sobre el trípode.

El Teatro Taller de Colombia se define como «una comunidad que sobrevive a fuerza de trabajo y esperanzas, que ha optado por una forma organizativa auto-gestionaria, sin jerarquías, que contempla una economía común y una forma de vida esencialmente colectiva.» Allí trabajan con disciplina monacal y comparten el trabajo artístico con las labores administrativas y domésticas. T odos están en la obligación de cocinar , asear y estudiar cuando los ensayos terminan.

Un pájaro de color magenta y pico largo se enfrenta batiendo sus alas de tela a los guerreros con armadura. Cuando cae herido, el muchacho que venía en la jaula se le acerca apesadumbrado; el pájaro muere y de su pecho se eleva una paloma también color magenta. Cuando vuela y se pierde sobre los árboles del Parque Nacional, la gente vuelve la vista al muchacho, que se mira a sí mismo, haciendo maromas inverosímiles sobre una cuerda. Cae y su doble lo levanta, llevando el cadáver entre los ancianos tristes y el fotógrafo absorto.

Para el grupo las cosas no son fáciles. Viven modestamente de las donaciones que les hace el público después de cada función; algunas veces venden sus funciones; los auxilios oficiales que reciben son irrisorios cuando no se pierden entre los papeles de los burócratas, ya que sólo hacen teatro callejero y no cuentan con los recursos de los grupos de sala; pero su contacto con el público es más directo, no está sujeto a las determinaciuones elitistas y eso les facilita la evaluación de los elementos culturales populares que han incorporado a su última obra.

El inventor de sueños, la historia sencilla y fantástica de un hombre que corre angustiado por sus recuerdos y sus obsesiones, se alegra con la cumbiamba, los globos de papel, la pólvora y la vacaloca.

El inventor de sueños

El personaje central es crucificado por los guerreros altísimos. Los ancianos se miran angustiados y se toman nuevamente de la mano, alguien murmura tras ellos «pobre hombre, los tipos esos de los zancos lo están colgando.» Una señora limpia los gimoteos de la niña de trenzas mientras le dice «no llores, es puro teatro, ahora resucitará.» El viejo fotógrafo esquiva la mirada y se acomoda el sombrero.

Este año el Teatro Taller de Colombia ha sido invitado al Festival de las Naciones en Venezuela. Coordinan la visita del Teatro Odin de Dinamarca, que vendrá al país, y preparan un encuentro nacional de grupos de teatro ambulantes. Las opiniones del público, la acogida que le han dado a su última obra, hacen prever un éxito artístico envidiable.

La música sigue sonando, pero ahora para anunciar que el espectáculo ha terminado. Los guerreros sudorosos recogen monedas en los cascos, el muchacho triste saluda cariñosamente a los chicos. Los ancianos se alejan pensativos mientras la niña de trenzas acaricia la bestia. El viejo fotógrafo del Parque Nacional guarda sus aparejos, despidiendo la tarde que le parece menos fría y menos gris este domingo.

El jardín subterráneo

Con aromas de teatro

Armando Villa
(*El Colombiano*, Medellín, 1986)

El estreno del grupo Teatro Taller de Colombia de *El jardín subterráneo*, de Milcíades Arévalo, que tuvo lugar en el pequeño y lindo escenario de Comfamiliar fue, para calificarlo de alguna manera, entretenido. Utilizando una gran gama de recursos, desde una larga tela que sirve de barco, de taberna y de espuma de mar, hasta disfraces descomunales, las sorpresas se suceden de manera constante, manteniendo al espectador atento, pese a que la obra tiene una duración de más de una hora, algo exagerado para esta clase de espectáculos.

Quizás la mejor de las presencias es la música, que ambienta el desarrollo de la obra todo el tiempo. Clarinetes, tambores, una lámina de aluminio, unas botellas de vidrio de gran calidad acústica, son tocados con gram maestría, por lo que se descubre que los cinco actores están unidos a todas las artes, como debe ser .

La obra pasa de mostrar a un andante de mundos para quedarse bajo la carpa del «circo de la vida» en la que el volatinero pasea por la cuerda floja del alma. El circo está compuesto por dos hombres y dos mujeres que tienen serias deficultades, debido a que el león devoró a un domador. Invitan entonces al vago Alejandro Pluma, para que tome ese lugar, lo que hace con gran propiedad, hasta dominar a la fiera y salvar el espectáculo.

El Teatro Taller de Colombia describe su obra *El jardín subterráneo* de la siguiente manera: «Esta historia no tiene tiempo ni espacio, tampoco una secuencia lógica. Todo es atemporal y cada espectador es el encargado de agrandarla. No está escrita como todas las historias, sino en un tiempo y en un espacio mágico. No sucede en ninguna parte, sino en los sueños de cada uno de nosotros. Su cantidad de imágenes nos da un rico colorido, que va desde el trágico nacimiento de Adán hasta el encuentro de Alejandro Pluma con todos los sueños de los hombres. Partiendo del huevo llegamos al huevo. Durante este lapso han ocurrido numerosos encantamientos. Porque es del huevo que surge Ada la Florista, Elfimur el apático, Pan, el eje de la alegría, Pluma el inmortal, mago, vidente, profeta y enamorado, y Mo, el amor. Almaguarda es la ley, el orden. Otras imágenes oníricas claramente complementadas con los coros, los arreglos musicales y el vestuario, dan la medida de la permanente fiesta de la creación, el regocijo del espíritu y su lucidez hacia realizaciones y búsquedas más concretas.

Una buena impresión nos dejó esta obra que termina con unos papelitos de colores que lanza el payaso y que, gracias a nuestra curiosidad, descubrimos que tenían mensajes como «Encuentra un compañero», «En tres años no tendrás hijos», «Pueden estar juntos tres días», «La maleza es abundante, se rompe el brazo derecho». Esperamos que no estén buscando estos textos.

Payasadas de la poesía

Marta Morales Manchego
(*El Espectador*, 1992)

En los momentos mágicos que ofrece el teatro, todo puede suceder. Hasta cerrar los ojos y al abrirlos encontrar que el encanto ha desaparecido. El Teatro Taller de Colombia, emocionado, habla de su montaje mágico-realista, *Payaso*, que, para ellos, además, es la primera aparición bajo su propia carpa. Detrás de los veinte años de vida del Taller, hay una historia montada en zancos, surcida con arandelas de papel, contada por rostros de grandes dimensiones. Hay teatro callejero y una obsesión: meter en la vestidura del circo la conceptualización del teatro.

Es también lo que intentan hacer en *Payaso*, adaptación de la ópera italiana *Pagliacci*, de Ruggiero Leoncavallo, dirigida por Mario Matallana.

El texto original, del siglo pasado, se basa en un hecho real en el que un juez, padre del autor, manejó el caso de una pareja en proceso de separación con el agravante de los celos. A partir de allí, la libretista del Teatro Taller de Colombia, Beatriz Calvo, construyó una nueva pieza en la que se insertan poemas de Juan Manuel Roca, Raúl Gómez Jattin, Julio Daniel Chaparro, Orietta Lozano y Carlos Pizarro.

Por eso, cuentan los integrantes del Taller, «hay magia, malabares, equilibrio y acrobacia. Pero todo metido dentro de un contexto teatral.» El tema de la obra habla de una compañía de teatreros que trabaja en carpas. Así, *Payaso* es teatro dentro del teatro. «Somos trashumantes», argumenta Beatriz Calvo. «El payaso pertenece a la compañía. Mata a su esposa por celos - como en la ópera - y al momento de salir a la escena, maquillado con la sonrisa obligadamente dibujada, a cumplir con la misión de divertir confunde la realidad con el teatro.»

Es allí donde caben los poemas «Monólogo volatinero», «Monólogo de la gitana», «Carta en el buzón del viento» y «Señal de cuerpos» de Roca; «Si una noche cualquiera me encuentran tirado en la calle» de Chaparro; «Mojándome» de Lozano y «De lo que soy» y «Camina como arrastrando su sombra» de Gómez Jattin.

«Hay dos planos narrativos», explica Beatriz Calvo. «Uno desde el punto de vista del autor original; y otro, el que hace de *Payaso* una obra autobiográfica. Es la realidad colombiana. No podemos desconocer que existe una cultura de la muerte.» La obra se volvió contemporánea. Está construída desde una visión personal del país que termina por ser sociológica. Los actores se metieron en el cascarón de seres humanos y a ritmo de taller organizaron la trama, le quitaron la sencillez original, la aderezaron con la crudeza cotidiana.

Para el Teatro Taller de Colombia un argumento se vuelve teatro en las manos del actor - un buen actor Por eso ellos, como taller, invierten más energías en el laboratorio, donde se revelan los actores.

«Se parte de la dramaturgia del actor y se intenta moldear las propuestas de los autores. El grupo vive en un proceso de aprendizaje permanente que no terminará nunca. Allí el actor es entrenado para sentir el personaje y agregarle toda la creatividad individual», comenta el director de *Payaso*.

A pesar de la dificultad en que se mueve el trabajo actoral en Colombia, el Taller tiene una larga lista de montajes. La mayoría de ellos, puestos en los espacios abiertos de las calles, como el viejo teatro.

La poesía los ha inspirado siempre y la poética del espacio. Por eso lo hacen, lo viven y lo disfrutan. «Es producto de una necesidad expresiva que hay que satisfacer para alimentar el alma y así sobrevivir»

Entre el ambiente social del país y la imaginación de un pasado romántico, se busca la esencia del teatro en el actor mismo, se narra el dolor que hay detrás de la risa. La máscara se desvanece ante una mirada pura, tan profunda que logra deshacer el sueño.

De Popón a los Cíngaros

Vivian Martínez Tabares

(Tomado de la revista *Conjunto* N°101, 1995)

I

Comienza la tarde y a cada rato llueve. Los actores del T eatro Taller de Colombia colocan sus elementos escenográficos y organizan el espacio. Alonso y Jaime arman una gran bola de tela azul, Marco prueba los bongóes, Nelson y Víctor preparan un triángulo de madera. La guagua del Instituto Cubano de Amistad con los Pueblos, que conduce Zenén, será en esta primera función habanera el fondo para la entrada y salida de los personajes, cubierta con una tela roja pintarrajeada y con los músicos delante. A pesar de la llovizna, alguien se detiene intrigado a mirar y decide quedarse. Primero son niños que regresan de la escuela y alguna que otra abuela, luego van llegando los que oyeron el parlante que anunciaba el espectáculo inaugural de la muestra de teatro de calle. Como por arte de magia, apenas quince minutos antes de las cinco, la llovizna cesa y sale un rayo de sol para que se cumplan nuestros conjuros ¿a Yemayá, a San Isidro, o a la virgencita invocada por el maestro Cajiao? ¿O fue la firmeza enigmática de Jorge Luis Vargas cuando nos aseguró que durante la función no llovería?

El público se completa con la parada que llega desde la Casa de las Américas, encabezada por el Teatro de los Elementos, y el círculo se cierra sobre la superficie dura y áspera del área deportiva del parque. Suenan platillos y redoblantes y entre gritos ininteligibles dos actores sobre zancos lideran una lucha fratricida, el enfrentamiento entre los reinos muiscas del norte y el sur por el dominio total del territorio. Uno de los usaques cae herido y muere. La música se volverá un lamento de recuerdos sin gloria con su lento estribillo: «Nemequeme, rey de guerra y soledad.»

Popón El Brujo del Teatro Taller de Colombia

Así comienza la representación de *Popón el brujo y el sueño de T isquesusa*, de Fernando González Cajiao, mención en el concurso Plural de 1990. El texto original es extenso y la acción se apoya en una amplia investigación histórica que el dramaturgo ha moldeado a las necesidades del «teatro y el sueño». Sus diez escenas desarrollan un conflicto que, aunque referido a la época de la conquista y colonización española, seduce por la contemporaneidad con que aborda temas como el mestizaje, la situación de la mujer, la defensa de la identidad cultural, el valor de la libertad, los conflictos regionales y la infinita posibilidad del amor

El montaje de Jorge Luis Vargas asume el texto con absoluta libertad desde la estética de la calle, obligada a la síntesis y a la simplificación de la trama sin traicionar su esencia. Escenas completas se funden en secuencias resueltas con la música a nivel dramatúrgico con pequeñas canciones narrativas o con la presencia de la voz como en *off*, cuando Vargas —que hace uno de los músicos— cuenta en lenguaje poético algunos de los pasajes o dobla parte de los diálogos de la acción, traducidos de la lengua indígena que emplean los actores.

El desarrollo de la historia encuentra en la escena atractivas soluciones que atrapan al espectador, desde la fuerza de la imagen audiovisual: bailes; «coreografías» de batallas; música indígena, flamenca o cortesana, creada por Marco Antonio Guerrero como ambientación, enlace, apoyo dramático o componente estético; movimientos acrobáticos y gestos amplificados para invadir el espacio ilimitado de la calle; ropajes coloridos con grandes tiras que penden y se mueven sobre los zancos, pieles de animales, vistosos adornos dorados en la cabeza de los usaques y cascos negros para los soldados españoles; fuego, humo coloreado que envuelve a los actores con una mágica fugacidad; la irrupción de un artefacto gigante, una bicicleta con cabeza de animal, que lanza fuegos y que remeda la violenta entrada de los españoles en los territorios indígenas; una cruz amputada se vuelve arcabuz en manos de Las Casas. Los zancos trabajan la escala en sentido dramático, empleados para los reyes muiscas, los invasores o un personaje simbólico como la Fé, representación alada y con castañuelas de la España prepotente. Alonso Mejía lo encarna y canta con un tono ridículo: «Yo soy la Fe/ya sabréis que soy cimiento/y en mis manos llevaré/todo el mundial fundamento.»

El elenco del T eatro Taller, compuesto por siete hombres —Antonio Díaz, Jaime González, Marco Antonio Guerrero, David Hernández, Nelson León, Mario Matallana, Alonso Mejía— y una sola actriz —Patricia Leal— , asume los personajes sin distinción de sexos, según las necesidades de la historia y las reglas de la teatralidad, las mismas que convierten a Antonio, el único actor negro, en el español Lázaro Fonte, el más humano de los suyos. Todos son importantes en su preciso desempeño. Y Vargas introduce un complicado juego —en el que pone a prueba la atención del público— cuando los actores intercambian roles. Al inicio Nelson León es Tsquesusa, discreto como heredero y cubierto con cabeza de pájaro, y luego, ya coronado, irrumpe desafiante y viril, ataviado de amarillo brillante sobre los zancos; al final del sueño, vencido y abandonado por los dioses, cuando muere, es David Hernández, caminando doblado sobre la tierra y cubierto con una cabeza de pájaro.

Mario Matallana es Popón, el brujo sabio del reino de Ubaque, pero se desdobla en otro rol: fray Domingo de Las Casas, el cura español y en una interesante transición, desde los hábitos cristianos, vuelve a ser Popón que no se reconoce en su nueva imagen y se despoja de las vestiduras, pero recuerda que se ha convertido a la religión de los otros. Cuando quiere despertar de un sueño que se le sale de las manos, descubre que su premonición se ha cumplido, «el futuro ya es pretérito. Nunca seremos los mismos.» Todos los actores cantan una y otra vez: «Es verdad que no seremos/ más que de los otros máscara/ y que nunca volveremos/ a habitar la misma casa.» Entre nubes de humo malva, la pesadilla se hace horror final.

Saludos y muchos aplausos. Cesa el conjuro y comienza a llover

II

Tras seis jornadas de intenso trabajo, la semana concluye con otro montaje del Teatro Taller y, como cada día, la lluvia es una amenaza. Ahora los actores se preparan en el patio de la Casa de las Américas. Telas multicolores van cubriendo sus cuerpos, se calzan los zancos y se enfundan en unos amplios e inmensos pantalones negros, rojos, amarillos, azules, verdes y naranjas. Patricia se llena de pulsos y collares, Antonio tensa una cinta ancha a modo de faja en torno de su cintura. Toman instrumentos musicales y cuando bajan la rampa hacia el asfalto son ya los miembros de una festiva tribu gitana, dispuesta a ganar la calle.

La parada avanza por la avenida en dirección al sur y los autos se detienen y se suman a la música con sus claxones. La fila de actores alterna un orden de uno o de a dos y no cesa en sus ágiles evoluciones de avance, retroceso, giros y elaborados pasos al compás de la música. La gente pregunta sorprendida, sale a los balcones, unos se suman y otros quedan inmóviles, con una extraña timidez, y sonríen disfrutando el espectáculo andante. Más niños. Las siete cuadras hasta el parque son un reto para la energía. Al frente del grupo, Nelson sopla su saxofón con el rostro enrojecido y todo cubierto de sudor; David, trompeta en mano, descubre una expresión de cansancio y todos, si se les mira bien, están un poco fatigados. Pero la función de *Los cíngaros* apenas comienza. La llegada al parque atravesando en diagonal las dos vías de la calle Línea es una fiesta para la gente. Ganan el césped y de frente a la acera trepan unos sobre otros en composiciones de alto riesgo. Los choferes aminoran la marcha y desde las guaguas repletas de pasajeros dirigen una mirada atónita hacia lo nunca visto, hacia una visualidad inexplicable. Una elegante anciana pide permiso y se abre paso con su pequeña silla de tijera para sentarse delante del público de pie. Estoy segura de que esta es su primera experiencia de teatro callejero.

El espectáculo es todo el conjunto: los actores, con sus complicados ejercicios acrobáticos y sus peligrosas vueltas en el aire, y la expresión en los ojos de la gente, de concentrada atención, sorpresa, alegría, emoción, susto. Mario Matallana hace rato que cumplió los cuarenta pero se mantiene en forma. Una voz suave a mi lado dice que es una especie de Cieslak latinoamericano, y otra voz de mujer le responde que es una variante masculina de Nadia Comaneci. El actor se suspende por la mitad del cuerpo sobre un tubo que sostienen firmemente sus compañeros y es un pájaro que se eleva hasta remontar las nubes.

La lluvia, infaltable, hace que la función termine con todos empapados y felices, es un juego de niños en el que la sensorialidad ha salido a flor de piel. Los miembros del Teatro Taller se despojan de los zancos y ávidos beben agua, pero la gente no los deja, cada uno está rodeado de niños y adultos que les felicitan y les piden que vuelvan otra vez.

Tania, la vecina entusiasta que cada tarde car gó con sus hijos y cooperó como una organizadora más entre los caramelos de Los Compadritos y las banderas para la función del *Quijote*, pregunta insistente si se repetirá el año que viene.

Casi oscurece y todo ha terminado. Y aunque la larga tela de lona que anuncia este pequeño «festival» sigue colgada del cable telefónico que cruza la calle, el parque de Línea y C nunca será el mismo.

El *principito* en escena

Milcíades Arévalo
1995

A quienes por años hemos seguido el trabajo del Teatro Taller de Colombia no deja de sorprendernos su último montaje, que es, a la vez, un homenaje al genial escritor Antoine de Saint-Exupéry: «*El principito*».

Si bien es cierto que el T eatro Taller de Colombia se ha caracterizado por su gran despliegue imaginativo y las técnicas del teatro ambulante, y que lo hemos visto actuar en las calles y plazas de las grandes ciudades de Colombia, deteniendo el tráfico y escandalizando a los conspicuos ciudadanos con obras tan importantes como « *La cabeza de Gukup*», «*La historia de un tirano* », «*Prometeo*» o «*El jardín subterráneo*», ahora el espectáculo es otro: en un reducido espacio aterriza un avión; mientras el piloto trata de reparar su nave, se le aparece *el Principito*; a través del diálogo, el aviador transforma su visión del mundo.

Espectáculos al aire libre se han venido representando desde las fiestas dionisíacas y hoy es común verlos en plazas y parques de las grandes urbes. Funambuleros, saltimbanquis, comediantes, cuentahistorias y algunos muy peculiares representantes que cantan, bailan y narran al son de cítaras y laúdes.

En Colombia, si bien han sido pocas estas manifestaciones, nadie puede negar que las ha visto en plazas o parques, emparentadas con los encantadores de serpientes, barajadores de naipes, vendedores de pomadas y específicos, mimos, actores trashumantes, investigadores, soñadores e imagineros; han ido ocupando un espacio vital en las calles de Bogotá, Cali, Medellín o Barranquilla. Pero quizás entre todos, el más popular es el Teatro Taller de Colombia.

Bajaban de Belén, vestidos de colores y de música, seguidos por niños y vagabundos dominicales, deteniendo el tráfico, causando asombro. Se instalaban en cualquier parte, en las esquinas, en las plazas. Hacernos reir era su oficio, eso pensábamos al ver su espectáculo, mas luego comenzaba el drama, invisible, en el que todos (espectadores y actores) nos embarcábamos: nos envolvían las ganas de soñar despiertos; los espectadores queríamos abandonar por siempre las pesadillas de la realidad cotidiana, pero ellos se quitaban la cabeza, los zancos, la risa de colores, y comenzaban a ser como todo el mundo: amaban, pagaban arriendo, trabajaban y a cambio de su arte, recibían aplausos avaros, monedas.

Años después se instalaron en la calle de las mandolinas, en el aristrocrático barrio de la Candelaria. Sus habitantes se rasgaron sus vestiduras y los cimientos del centenario barrio comenzaron a resquebrajarse ante el alarde interpretativo de estos blacamanes del páramo. Sin embargo, pronto llegó el invierno y la calle de las mandolinas, toda llena de música, se inundó de teatro también. El agua les llegó hasta el cuello, perdieron el vestuario y la utilería, el viejo tambor se destempló y la trompeta naufragó musicalmente en una nata de lodo.

Como en alguna parte tenían que guardar los trebejos que les dejó el invierno, después de muchas funciones consiguieron la sede, donde hoy funciona el T eatro Taller de Colombia: calle 10 N° 1 Este. A partir de entonces representan ininterrumpidamente en sindicatos, escuelas, plazas de mercado, universidades y pueblos polvorientos, obras que les han valido la invitación a numerosos festivales internacionales.

El Teatro Taller de Colombia se toma la libertad de engrandecer sus principios. Son artistas en el más amplio sentido de la palabra y el carromato de Thespis, más que una leyenda, precede grandes áreas dramáticas, aún hoy en día en el proceso de experimentación. «Al teatro callejero le importa el grado de expansividad que sus elementos y el espectáculo puedan lograr . Cada elemento debe poseer su dimensión propia, pluridimensional, viva, natural, sin retóiricas. Integración humana, completa maleabilidad con el espectador, perfecta sincronización actoral para dominar el lenguaje de los símbolos, imágenes y alegorías. La calle exige imaginismo».

El principito

Máxima obra del escritor francés Antoine de Saint-Exupéryplasma su encuentro con su interior, en la búsqueda del niño que lleva consigo. Este relato, que nació de un viaje realizado por el autor a Africa del norte, está compañado por ilustraciones, fácilmente conocibles en todo el mundo.

El principito, ese pequeño que cayó del cielo y que se encuentra en el desierto con un hombre que repara su avión, es conocido tanto por niños como por adultos. Muestra un universo poblado de seres que pueden ir de un lugar a otro según lo dicte su fantasía.

Saint-Exupéry nació el 29 de junio de 1900. Piloto de profesión, realizó el viaje más largo de su vida el 31 de julio de 1944, misión de la que jamás regresó. Entre sus novelas vale mencionar *Aviador*, *Correo del Sur*, *Vuelo de noche*, *Tierra de hombres* y *Carta a un rehén*. En el montaje de la presente obra, la segunda para sala que ha realizado el Taller de Colombia, interviene todo el equipo de trabajo bajo la dirección general de David Hamilton Johnson y la composición musical de Jean Cohen Solal. Vale la pena destacar la actuación de Segundo Antonio Díaz (el principito) y Mario Matallana (el piloto).

Para el Teatro Taller de Colombia el montaje de*El principito* no sólo ha sido un reto, sino una ocasión para plantearse nuevas propuestas teatrales, nuevas búsquedas, teniendo en cuenta un buen nivel plástico, el color, la música, el juego de luces y las acrobacias de los actores.

El Teatro Taller de Colombia, que en un principio (1972) fue un puñado de sueños de Mario Matallana y Jorge Vargas, ha venido ampliando su lenguaje, se ha apoderado de un espacio físico y lo ha venido transformando, dándole vida y colorido con su Circo Teatro, donde «la acción puede desarrollarse sobre la cabeza de los espectadores, en el asiento contiguo. A veces deberá aspirar sándalo a la entrada de un ritual, tendrá que convivir con los actores de una pieza teatral.» Y a no se trata de que el espectador sea el convidado de piedra que ha sido durante años, ni tampoco de recibir imágenes o enterarse de la oratoria del actor Se trata de que participe del ritual, de la magia del teatro, que lo obliga a agudizar sus sentidos en medio de la baraúnda diaria. «De la improvisación al texto, de la representación a la participación, de la calle a la sala o a la inversa, de la comunión a la participación, evolución continua.» Ese es el Teatro Taller de Colombia, cuyo último montaje*El principito*, ha hecho reir y llorar a muchos espectadores que lo han visto representar en su circo teatro, en la Media Torta, en el Gimnasio Modeno y en muchas calles y plazas de Bogotá.

Entrenamiento para la calle:

Notas de una experiencia pedagógica

Mario Matallana
La Habana, 1995

Sábado 30 de septiembr e. A las nueve de la mañana el T aller comenzó con la presentación de todos los participantes. Unos sesenta actores y directores de T eatro Calle de Brasil, Perú, Argentina, República Dominicana, España, Italia, Cuba y Colombia, nos estábamos encontrando en La Habana para iniciar una de las experiencias pedagógicas más bellas realizadas por nuestro grupo.

Luego de que cada uno dijo cómo se llamaba y contó rápidamente de donde venía, qué hacía y cuáles eran sus expectativas con el teatro y el taller, propuse un plan a desarrollar para los cinco días que tendríamos de trabajo. Un trabajo que estaría centrado principalmente en el entrenamiento del cuerpo y de la voz, la presencia física y escénica del actor (pre-expresividad), la teatralización del entrenamiento, la improvisación y puesta en escena.

La energía de la respiración. Esa misma mañana retumbó el salón de ensayo y las paredes del edificio de la Casa de las Américas con los gritos de «hich hich» de los actores-alumnos que hacían el ejercicio de entrenamiento físico y vocal basados en técnicas de las artes marciales del Aikido japonés.

Saltos en posiciones fijas, manos y brazos extendidos y abiertos adelante como «empujando la montaña». Con las piernas flexionadas, el cuerpo baja gradualmente hasta quedar en cuclillas, mientras se va saltando como un canguro y al mismo tiempo se lanza con fuerza el sonido «hich» que nace en el abdomen.

Estiramientos, rotaciones de los músculos y las articulaciones, saltos y caídas, secuencias de movimientos acompañados de los sonidos «a... e... i...» «Nos imaginamos que «rompemos» o «empujamos» el cielo con las manos, que «tocamos», que «golpeamos la tierra». Podemos utilizar la imaginación en cada movimiento.»

Adquirir fuerza, elasticidad, coordinación de los movimientos y lograr una conciencia del cuerpo a través de la *energía de la respiración*, son en esencia los objetivos de este entrenamiento. Un entrenamiento que es agotador por la forma vigorosa y la dinámica con que se ejecutan los ejercicios.

Terminamos el día con una veloz carrera gritando hasta más no poder . Nos recostamos en el piso, descansamos y entrenamos en un relajamiento total, después de hacernos masajes por parejas. «Nos concentramos únicamente en la respiración... Nos olvidamos de todo, no pensamos en nada, somos sólo respiración.» Silencio. Calma absoluta.

Lunes 2 de octubre. Esta mañana llegamos a la Casa de las Américas quejándonos de los músculos, sobre todo los de las piernas que nos dolían al caminar y subir las escaleras (tres pisos), hasta llegar al salón de ensayo, resultaba ser una tortura. De todos modos, estamos dispuestos a iniciar otra sesión de entrenamiento fuerte y exigente, una nueva justificación del entrenamiento físico.

Iniciamos el trabajo cantando de Cuba una canción de Yemayá:

Yemayá asesú (bis)
Asesú Yemayá (bis)
Yemayá a coroto.
Coroto Yemayá.

Cuerpos en el espacio . «Caminemos normalmente. Ocupemos con nuestros cuerpos todo el salón. Movilicémonos de un lugar a otro llenando los vacíos que dejamos al desplazarnos», le indicaba a los alumnos. «Imaginemos que vamos en una «barca en el río» y que vamos a equilibrar la barca con el peso de nuestro cuerpos para que no se hunda», continuaba diciéndoles. «Rompíamos constantemente el *sentido de la dirección* al continuar la marcha en sentido contrario, atrás, adelante, izquierda, derecha; imaginémonos líneas concretas en el espacio: rectas, curvas, diagonales, cuadradas, redondas, rectangulares.»

En otro ejercicio ocupábamos el *máximo y el mínimo* de espacio. El salón se dividió en zonas de la más grande hasta la más pequeña. Con el peso de nuestros cuerpos cubríamos estas zonas en juego de desplazamientos y variación de ritmos: «Rápido, más rápido, lento, ¡stop! Arriba, abajo, exploremos en todos los niveles.»

Otra indicación importante fue la de mirarnos directamente a los ojos para sentir la presencia de los otros compañeros. Cada vez que nos cruzábamos teníamos que entrar en contacto con la mirada y con la energía de los demás. Sencillamente estábamos compartiendo «cuerpos en el espacio».

«¡Vamos, vamos todos al piso! ¡Arrastrémonos como reptiles, gateemos! ¡Atrás, adelante, a los lados! Vamos a deslizarnos por el suelo dando vueltas.» Rodábamos de un punto a otro, pasando a veces por encima de los demás, sintiendo el peso, el calor , oliendo el sudor de los compañeros en un contacto directo cuerpo a cuerpo. Esto nos ayudó a darnos más confianza y seguridad en la integración del grupo.

Altos y equilibrio . Continuamos en un trabajo por parejas que consistía en saltar , rápidamente, con fuerza y con impulso a los brazos del otro que lo esperaba listo a recibirlo. Cuando ya está bien agarrado, con las piernas encogidas, el que lo lleva en los brazos se desplaza, con el peso del cuerpo del otro, como «cargando un bebé». Esto mismo se hace subiéndose en la espalda.

Impulso, cargada, desplazamiento, soltar y caer ágilmente de un salto al piso. Vuelve y se hace varias veces seguidas, alternando en la espalda y el pecho, en «cuatro patas», saltando para quedar de pie y en perfecto equilibrio sobre la espalda.

Las esculturas. A partir de posiciones físicas que se formaban al conteo de 1 a 6. Cada alumno proponía un número en voz alta y los demás iban haciendo diferentes figuras o posiciones con el cuerpo. Si era el 5, eran 5 posiciones; si era el 1, era 1, y si se decía con voz fuerte, el movimiento era fuerte; y si la voz era suave, el movimiento también debía hacerse suave.

De esta manera se repetían los números y las posiciones que cada cual había encontrado, hasta memorizarlas en el cuerpo, y se repetían ininterrumpidamente una tras otra, hasta crear una serie.

Al obtener esta serie pedíamos componerla y descomponerla, distinguir con claridad las posturas adquiridas, el cambio y la diferencia en el cuerpo de una y otra postura. «Acentúen los momentos de quietud entre una postura y otra, fíjense en esa pequeña pausa que hay entre postura y postura», les recomendaba. «Es quietud en movimiento, estos momentos estáticos tienen vida propia, son acción en la no-acción.»

Por parejas, usando las mismas series, se componían «esculturas» con los dos cuerpos que improvisaban diferentes niveles, direcciones en el espacio y en una constante relación acción-reacción.

Surgían en estas series nuevos sentidos, actitudes, situaciones que se transformaban en figuras, imágenes, acciones que traslucían significado, una posible lectura de «acciones en el espacio» a partir de asociaciones como exprimir, latiguear, lanzar, deslizar. Esfuerzos físicos que nos sirvieron para estimular la imaginación y la memoria. La música marcaba el ritmo y los actores se movían en la medida que pasaba el ejercicio con más soltura y libertad creativa en un trabajo donde hacíamos énfasis en la precisión y en la dinámica del movimiento.

Pausa. Descanso.

Hora de la música y los zancos. Marco, Alonso, Nelson y David (actores del Teatro Taller de Colombia) escogieron dos grupos que trabajarían por separado durante dos días.

Teatro Taller de Colombia

Martes 3 de octubre. Cantamos de nuevo trozos de canciones populares de Cuba y Colombia. Seguíamos a un actor que cantaba primero. Repetíamos hasta ir aprendiendo y memorizando la letra y la melodía de una canción de los bogas del Pacífico colombiano.

> Ho hilando
> Mu hay be
> Subiendo y bajando
> Ha hay be.

«Inhalar, exhalar el aire, llenando y dejando vacíos los pulmones». Un sonido grave y prolongado flexionando el cuerpo. Los brazos extendidos adelante. Ahora un sonido agudo, mirar las nubes, las montañas y lanzar el sonido «que llegue hasta allá y se devuelva.» Un sonido de «una sierra que traspasa la pared: hagan sonidos de trabajo acompañados de una acción que no necesariamente sea la ilustración del trabajo.»

En seguida recordamos un texto que sabíamos de memoria, lo decíamos primero dentro de sí, mentalmente, y luego corriendo lo repetíamos en voz alta. ParaParlamento en un sitio como «si estuviéramos corriendo». Lo seguíamos repitiendo caminando, saltando, estáticos, en cámara lenta, y así sucesivamente. Era un ejercicio donde la voz tenía que adaptarse a diferentes ritmos y acciones corporales.

Jugamos con un zanco, tirándolo a un compañero que, mientras lo tenía, iba diciendo el texto y a la vez corría de un lugar a otro. Rápidamente devolvía el zapato quedándose quieto y era otro el que ahora debía correr y decir el texto. El cuerpo se adaptaba de nuevo a estas acciones.

Cuerpo, energía y respiración. «Saltar lo que más se pueda, el impulso viene de aquí, de los hombros. Caer al piso lo más suave posible, como una pluma. Controlar el peso del cuerpo en la caída, creando un contra-impulso, una reacción a esa acción de caer. Impulso-contra-impulso, extensión-contracción, tensión-relax.

Al elevarse el cuerpo naturalmente inhala el aire y al caer lo suelta. El aire entra y sale como un proceso orgánico natural del cuerpo que cae totalmente relajado al piso y vuelve a levantarse inmediatamente, ya de pie otra vez salta y cae. Caer, levantarse, saltar y caer, por varios minutos sin parar, hasta el cansancio, llegar a ese punto del cansancio, romper esta resistencia física hace parte del sentido de este ejercicio.

«Cuando la respiración se agita, cuando llega el cansancio, vamos creando en nuestro cuerpo un ritmo orgánico que nos va acelerando y desacelerando y nuestra respiración nos va diciendo cuándo aumentamos o disminuímos la intensidad y la fuerza de nuestras acciones en este trabajo de *cuerpo y la energía de la respiración.*

Algunas preguntas que nos hicimos al llegar a esta etapa del entrenamiento fueron: ¿cómo superar el límite del cansancio? ¿Cómo poder ir más allá, rompiendo la resistencia? ¿Cómo lograr que un actor tenga capacidad de aguante, de trabajo, de energía?

Pausa. 11 a.m., tiempo del descanso. de 11:15 en adelante se continuó con el trabajo de música y zancos del día anterior . Un trabajo que estaba ligado directamente al teatro de calle.

Miércoles 4 de octubre. 9 a.m. Cantamos las mismas canciones cubanas y colombianas que veníamos aprendiendo más otra canción brasilera.

> Quein te enseinó a nada (bis)
> foi foi marineru (bis)
> fo os peshi ish du má

Dar y recibir. «¡A correr por todo el salón! Invéntense otras formas diferentes a como corremos cotidianamente. Suelten el aire, relájense y sean conscientes de su cuerpo al correr. Estén livianos, respiren naturalmente, rompan el sentido de la dirección que llevan, giren, vayan de un lado a otro; atrás, adelante, arriba, abajo», les decía y ellos (los alumnos), al mismo tiempo, corrían de muchas formas, tratando de hacer el menor ruido posible, controlando el peso del cuerpo, colocando los pies en el suelo lo más suavemente que pudieran.

«Caminen normalmente, mírense a los ojos cuando pasen cerca de sus compañeros. Dense un movimiento con cualquier parte del cuerpo, busquen el contacto cada vez que se crucen. ¡Más rápido! Exploren arriba en el piso» y con una fuerte dinámica de movimientos y desplazamientos se estableció una especie de diálogo acción-reacción, dar-recibir entre los cuerpos de los alumnos que hacían secuencialmente diferentes ejercicios-acciones sin interrupción hasta alcanzar una verdadera explosión de ritmo orgánico y poniendo a prueba su verdadera capacidad de energía, agilidad y resistencia corporal, y, sobretodo, de creatividad.

Este ejercicio lo hicimos después en grupos separados y por parejas.

*Juego de bastones.*Este trabajo empezó conociendo el peso del palo que, inclinado hacia el piso, sosteníamos en una mano que se movía ligeramente. Lanzábamos el palo hacia arriba y lo cogíamos de nuevo en el aire, dejándolo pasar de la cintura, para obligarnos a flexionar el cuerpo.

Cuando ya dominábamos este ejercicio, podíamos lanzar el palo más alto o más bajo, más rápido o despacio y con una mano o la otra improvisamos. Por parejas, nos cruzábamos los palos a la altura de la cintura, al tirar el palo lo dejábamos pasar un poco del cuerpo para tener que voltear hacia atrás y cogerlo rápidamente sin dejarlo caer. Y cuando ya lo teníamos en la mano de nuevo, lo devolvíamos inmediatamente. Juego libre. Tiempo libre.

El combate. El combate con los bastones es un entrenamiento perfecto para trabajar las reacciones y los reflejos del actor Simplemente, porque si no se reacciona a tiempo, uno puede ser golpeado con el palo. Aquí no hay trucos y hay que estar totalmente alerta y concentrado en cada golpe que viene y en cada golpe que va.

Primero se aprende uno a uno y por separado varios lances y quites. A la cabeza para agacharse, a los pies para saltar, «choque» con los palos.

Luego se construyen secuencias de golpes, esquivadas, saltos y volteretas que técnicamente tengan precisión, agilidad y riesgo.

Los gritos también son importantes en el combate, porque liberan nuestra energía contenida y nuestras tensiones.

Enseguida convertimos este entrenamiento en una verdadera «pelea» en donde estaban dos contrincantes con sentimientos y emociones en una situación de peligro y violencia. «Transformen estas acciones en elemento dramático, teatralicen estos combates.»

Como todos los días, no faltó el agua, el té y un poco de «chismorreo» en el descanso de las 11.

Sueño de pescadores. En las siguientes horas que quedaban de ese mismo día, se inició el trabajo de improvisación y puesta en escena que estaba previsto llevar a cabo con Jorge Vargas.

El les contó a los a los alumnos una historia que llamó « *Sueño de pescadores*»; les esbozó la idea y el plan para improvisar y montar en pocas horas de trabajo esta historia que narraba una especie de *Odisea* y paradójica realidad del hombre latinoamericano.

Se dividieron en tres grupos, se conformaron tres coros, y dc cada coro salía un protagonista, un líder. Sobre el tema se fueron construyendo imágenes, situaciones y personajes que iban surgiendo en la improvisación y que Jorge moldeaba y seleccionaba como un posible material para la elaboración del montaje de algunas escenas. Material que se retomaría al día siguiente.

Jueves 5 de octubr e. Cantos. Habíamos aprendido que era revitalizador , alegraba el espíritu y creaba un buen ánimo en el ambiente del grupo, comenzar el trabajo todas las mañanas cantando.

¡Oh! ¡Oh! oooola de la mar / qué bonita ola para navegar (bis).

Voz en el espacio. Respiración natural. «Emitimos un sonido con la «f». Saludamos a las nubes o los árboles, a las montañas, todo lo que vemos a nuestro alrededorMirar puntos concretos en el mundo exterior y tocarlos, acariciarlos, golpearlos con la voz.»

Sacar sonidos con la «j»: ju-je-jo.

En otro ejercicio para estimular la voz, contábamos a un compañero lo que hicimos al levantarnos; al tiempo que uno de los dos se alejaba o acercaba al otro, tenía que ir intercambiando el volumen, los ritmos y las intensidades de la voz.

Enseguida hacíamos lo mismo con un texto teatral. «Contábamos» el texto al otro y éste, a su vez, contestaba dialogando: «La voz como las de las olas del mar o como la de un perro furioso.»

¡Reírse a carcajadas! ¡Llorar fuerte!

Juego de hipnotismo, por parejas: uno sigue la mano del otro a la distancia «de una cuarta». Desequilibrios, caídas, contorsiones, estiramientos de los músculos y trabajo de la columna vertebral principalmente.

De un salto, con precisión, suavemente tocar con la punta del pie el esternón de otro compañero.

Secuencia de acciones. Una a una se aprenden «en frío» las acciones-ejercicios desestabilizando el cuerpo hacia atrás o hacia adelante, «cayéndonos» y recuperando inmediatamente en una reacción de contra-impulso el equilibrio perdido. O, al contrario, de un equilibrio, parada de manos o de hombros, por ejemplo, dejarse caer y terminar en otra posición de equilibrio.

Caídas, levantadas con y sin la ayuda de las manos, saltos, contorsiones, ejercicios para la columna vertebral, juego de espacio, de niveles, de cuerpos que van y vienen, variación de ritmos, de intensidades, velocidades, fuerza que aumenta o disminuye, respiración que se agita, que se normaliza, músculos que se contraen o extienden.

Grupo Teatro,
Bogotá

Secuencias que se construyen encadenándolas una a una y repitiendo las acciones de ejercicios hasta el cansancio. Hasta agotar las fuerzas y volver a recuperarlas. Se trata de poner a prueba el cuerpo y potenciar al máximo su capacidad de fuerza, agilidad, resistencia y una dinámica precisa del movimiento con los principios de la biomecánica.

Ser. «Agáchense un poco, como sentados»; al sonido de la palmada, dar un salto y un giro, caer suavemente, mirar, ver, arriba, al frente, a los lados, mirar los cuadros, las paredes, el techo, el piso, ¡saltos, giro!... Enfocar los ojos afuera, ver y escuchar . Estar abiertos al exterior. Pararse lentamente mirando, parados como un árbol, listos para saltar.

Impulso inicial, piernas dobladas. Ahora tres pasos en una dirección, cambiar, mirar adelante, atrás, de lado, sorprender con un salto, estar presentes. *Ser.*

Cambiar, mirar, llenar el espacio, cambio de dirección, ver , oír, listos. En un juego llenar el espacio. ¡Rápido, cambio de dirección,*stop*!

En el momento de la inmovilidad, no descansar es un momento de mucha velocidad. «Corriendo en la inmovilidad», continuar adentro, no perder este momento de inmovilidad dinámica.

En cámara lenta, en contraposición, cuando se da el paso, la cadera va hacia adelante, la espalda atrás, el pie adelante. «Cuanto más grande es el paso, más seguro es el equilibrio»; doblada la pierna, puede decidir a dónde va.

«Ahora con la música, realizar una acción, puede ser abajo, arriba. Puede caminar a cualquier lado, cambiar de dirección. No se ve la acción porque no se encuentra la resistencia como en la vida real. Lo importante es una intención precisa y una tensión.»

Energía dulce... fuerte. Por parejas, con un bastón de madera se toma por los extremos, se dialoga silenciosamente con el compañero. «Halar empujar, tirar», encontrar la tensión en la espalda cuando se cambia de acción.

Explorar en un diálogo, cambio de dirección. Mirar es muy importante. Distintos niveles. ¡Fuerte... suave... con una o dos manos.   Atrás, adelante, al lado, arriba, abajo! *Energía dulce... fuerte.* Tarea: encontrar tres posiciones como guerrero y como dama.

Después de elaborar una secuencia que realizamos con el pulso de la música, dejar ver la pausa, el micromovimiento, para pasar a la otra posición. Precisión en las posiciones, acentuar la transición en cambios vivos. Ahora cambiar el ritmo de la música. Es otra pulsación, es una danza, una coreografía bien estructurada.

Hicimos la misma secuencia sin bastón. Con la misma intención, como si se tuviera el bastón, recordando en los músculos.

En un trabajo para sí mismo, recordamos la secuencia sin el compañero. La misma secuencia en cámara lenta. «Con toda la sabiduría del cuerpo, con precisión. Ahora como si estuviera el bastón en todo el espacio. Abiertos, concentrados en el movimiento.» Se recuerda la misma acción, repitiéndola con el compañero.

La serpiente. ¿Dónde está situada la presencia del actor? Podríamos decir que la presencia es adentro, en la espina dorsal, músculo invisible que va desde los ojos hasta el coxis.

«La serpiente» intenta danzar con música, la goza, se mueve adelante, atrás, se para, se estira.»

«Partir de un enfoque de la mirada, a una fuerte mirada. Luego dulce, un momento de ser hasta llegar a no ser. Mirada suave, fuerte al máximo. Suave, relax, mirada muerta. Ahora fuerte, el máximo, atrás, suave, no enfocar , no mirar, marchar adelante, atrás.»

Jaguar y colibrí. «Recuerden cuando el peso pasa de una pierna a la otra, dirección hacia adelante, atrás, miren dónde están ¡dónde van! ¡El movimiento puede comenzar en los dedos o en el interior de los brazos o en el tronco!»

«Van en una dirección bien precisa y miran en otra. Las piernas van en una dirección y el torso en otra. Los ojos en una tercera. Marquen el peso de una pierna a la otra. Cuando se tiene el peso, una pierna levanta a la otra. Separen las diferentes partes del cuerpo, los pies, la nuca, las caderas, el torso, la cabeza, los ojos, cada parte tiene su propia vida.

Marchando (en un solo puesto). Son un cuerpo serpentino al interior . Miren arriba mientras están dejando la tierra. Improvisen sobre las distintas direcciones (en la inmovilidad) ¡Correr, caminar! ¿Cuál es la diferencia? ¿Cómo se proyecta el cuerpo en el espacio?

Caminemos normalmente. *Stop.* Caminemos en la inmovilidad. Caminen, corran y salten, descubran cómo trabaja el cuerpo para saltar. Todos listos para saltar. Salten. No muestren que quieren saltar como un jaguar, un colibrí.

Un jaguar listo para atrapar a su presa, un colibrí listo a volar en sus fantasías y su creatividad.

La nieve cae. «Construyan exactamente el movimiento cuando cae la nieve. Recuerden no caer derecho, danza en el aire. Cuántas pequeñas acciones. Varíen la manera de deslizar las manos. Usen las manos, utilicen más la espina dorsal. Reconstruyan como antes, sin las manos, ligeros impulsos arriba, alrededor . En parejas, cada uno aprenda el ideograma del otro como una sombra sin manos. Lo más despacio posible. Repitan solos el de cada cual.

Cortar el árbol. «Reconstruyan la manera exacta de cortar un árbol. Le cortan los tobillos al compañero. ¿Cómo es el golpe? ¿V ertical? ¿Horizontal? Paren cuando toquen al compañero. Suave-dulce-fuerte.»

Hicimos una escena donde «Un hombre corta un árbol mientras cae la nieve.» Reconstruimos la dramaturgia. Distintas imágenes, primer plano, al lado, arriba, abajo. Inventamos la manera de dirigirnos en el espacio. Montaje: «La nieve cae, el hombre corta el árbol y al mismo tiempo seduce (al espectador).»

El montaje. De aquí en adelante proseguimos con el trabajo de montaje que Jorge había iniciado el día anterior, partiendo de los diferentes elementos del entrenamiento y de la improvisación. Finalmente se presentó como un ejercicio teatral lleno de vitalidad y sorpresas agradables que nos dejó a todos satisfechos y con deseos de continuar un proceso de creación desde las secuencias en las cuales el actor elabora (dramaturgia del actor) y que luego son procesadas por el director de escena que cambia o deja de acuerdo a su criterio y decisiones personales (dramaturgia del director).

Y para terminar el taller nos tomamos de las manos en un círculo y dimos un gran «grito de guerreros». Fue como un exorcismo y con un buen augurio de que seguiremos soñando con el teatro y que de pronto nos volveremos a encontrar en cualquier esquina de la vida.

Reflexión. Estos cinco días de trabajo sólo alcanzaron a dejarnos muchas inquietudes frente al actor y su compromiso profesional. Solamente dejamos las bases y un material de ejercicios para seguir desarrollando, a sabiendas de que la formación del actor es un proceso de nunca acabar.

¿Qué es lo que buscamos con este trabajo de entrenamiento, teatralidad de las acciones y del espectáculo? ¿Cómo es posible recrear una experiencia que todos podemos ver? Cuando, en el teatro, vemos al lado de los actores a un niño a un animal que no sabe actuar, es simplemente un *ser en vida*.

EL actor reconstruye en su manera de comportarse una artificialidad en «otro cuerpo» y lo que caracteriza su presencia animal. Ese estado de presencia nos obliga a ver, agudiza los sentidos de observación, nos obliga a captar hasta los más mínimos detalles y la disponibilidad antes de crear. Es el *bios* del actor: presencia, energía.

Cuando los actores han trabajado por muchos años, adquieren una técnica que, como un muro, esconde su vulnerabilidad. La pre-expresividad del actor es la técnica. Todo ayuda al actor a comunicar al espectador. El teatro es un camino de conocimiento.

Todo el tiempo hay una negación de la acción que sorprende la expectativa del espectador. Esta es la técnica que apoya el talento, como se construye la vida escénica. No es problema de la técnica, es una manera de pensar, una visión del mundo.

Este trabajo de preparación nos recuerda a los juglares de la comedia del arte. Actores que cantaban, bailaban, tocaban un instrumento musical, recitaban textos y representaban personajes e historias en sus espectáculos callejeros.

El ideal nuestro es formar un actor con estas características histriónicas y juglarescas. Hacer una escuela para un nuevo actor y un teatro vivo donde el actor sea el centro de la búsqueda y la experimentación.

Tengo que señalar finalmente que los anteriores ejercicios los he aprendido de Eugenio Barba, Roberta y Julia, del Odin Teatret; del japonés Isso Miura; de Lucho y Beto, ex Cuatrotablas, Perú; del Footsbarn Theatre; de Gabriel Alvarez y Fernando Montes, colombianos que pasaron por la escuela de Grotowski. Es a partir de estas fuentes que intento crear una metodología y una pedagogía teatral propia con las herramientas y la experiencia de varios años de trabajo como director y actor del Teatro Taller de Colombia.

A todos los que hicieron posible este taller en La Habana, a todos los que hicieron realidad este sueño, mis sinceros agradecimientos.

Bibliografía

Javier Ocampo López, *Las fiestas y el folclor en Colombia*, El Ancora Editores, Bogotá, 1984.

Gloria Triana, La cultura popular colombiana en el siglo XX, en *Nueva Historia de Colombia*, Planeta Editorial Colombiana Editorial S.A., 1989, Tomo VI, p.3O3 y sgtes.

Octavio Marulanda Morales, «De la mascarada colonial a la mojiganga de Carrasquilla», en revista de la *Universidad del Valle* N° 7, abril de 1994, p. 46.

Jairo Santa, Fiestas y carnavales, en *Escenarios de dos mundos*, Ministerio de Cultura, Madrid, Tomo I, p. 355.

Jairo Santa, El teatro popular en Colombia: un teatro comprometido, en revista *Actuemos* N° 26, abril de 199O, p. 4.

Enisberto Jaraba Pardo, «El grupo Teatro 5O4 y su trabajo con los indios ticuna», en revista *Conjunto*, número antológico, octubre de 1993, p. 122.

Juan Monsalve, «Señales desde la hoguera: las nuevas tendencias», en *Escenarios de dos mundos*, Ministerio de Cultura, Madrid, 1988, Tomo I, p. 349.

Fernando González Cajiao, «El teatro precolombino siempre fue callejero», en revista *Conjunto*, número antológico, octubre de 1993, La Habana, Cuba.

Fernando González Cajiao, *Historia del teatro en Colombia*, Tercer Mundo / Colcultura, 1986.

Rosario Montaña, «El teatro en Colombia y las tradiciones populares» en *Conjunto*, número antológico, octubre de 1993, La Habana, Cuba, p.122.

Santiago Londoño V., «El templo doctrinero de Tópaga», en *Boletín Cultural y Bibliográfico* N°27, volúmen XXVIII, 1991, p. 117.

Juan Rivero, S. J., *Historia de las misiones de los llanos de Casanar e y los ríos Orinoco y Meta*, Imprenta de Silvestre, Bogotá, 1883 (libro escrito en 1736). Se halla en la Biblioteca de la Universidad Javeriana en Bogotá.

Carlos Arbeláez, «Templos doctrineros y capillas posas en la Nueva Granada» en revista *Proa*, Nº 167, Bogotá, 1964.

Francisco Gil Tovar, «Un arte para la propagación de la fé», en *Historia del Arte Colombiano*, Tomo 3, p. 721, Salvat Editores, 1975, Bogotá.

Juan Manuel Pacheco, *Los jesuítas en Colombia*, tres tomos, Bogotá, 1989. Se halla en la Biblioteca de la Universidad Javeriana en Bogotá.

Fray Pedro Fabo del Corazón de María, *Idiomas y Etnografía de la Región Oriental de Colombia*, José Benet, Impresor, Barcelona, 1911. Se halla en la Biblioteca de la Universidad Javeriana de Bogotá.

Hipólito Jerez, S.J., *Los jesuítas en Casanare*, Prensas del Ministerio de Educación Nacional, Bogotá, 1952.

José del Rey Fajardo, S.J., *Documentos jesuísticos relativos a la historia de la Compañia de Jesús en Venezuela*, Academia Nacional de Historia Nº79, Caracas, 1966. Se halla en la Biblioteca de la Universidad Javeriana de Bogotá.

Pedro de Mercado, S.J., *Historia de la Provincia del Nuevo Reino y Quito,* Tomo I, Nº35, Biblioteca de la Presidencia de Colombia, Bogotá, 1957.

Nina S. de Friedemann, «Marimondas en el carnaval de Barranquilla (Colombia)» en revista *América Negra*, Nº8, diciembre de 1994, p. 171.

Juan Carlos Moyano, «La puesta en escena y la construcción de imágenes en el escenario», en *Dirección escénica, memorias del _taller nacional*, de Colcultura, 1994, p. 163.

Zamir Bechara, «Evolución de las fiestas en la Nueva Granada (Período barroco)», en el Boletín *Thesaurus* del Instituto Caro y Cuervo, Tomo XLVII, mayo-agosto de 1992, Nº2, p.383.

Miguel Rubio Zapata, «Diablos de Puno: de máscaras y danzantes peruanos» en *Escenarios de dos mundos*, Ministerio de Cultura, Madrid, Tomo I, 1988.

Manuel Galich, «El primer personaje del teatro latinoamericano, bailete del Güegüense o Macho Ratón», en revista *Conjunto* Número antológico, octubre de 1993, p. 4.

Rine Leal, «La liturgia pre-dramática» en revista *Conjunto*, número antológico, octubre de 1993, p. 3O.

Ricardo Roca Rey, «Los orígenes del teatro en el antiguo Perú», en *idem*, p.25.

Atilio Caballero, «Semana Santa en Nicaragua: rito, tradición y contemporaneidad», en *idem*, pp. 13O.

José Quiñones Melgoza, *Teatro mexicano, historia y dramatur gia, Teatro Escolar Jesuíta del siglo XVI*, Consejo Nacional para la Cultura y el Arte, México, 1992.

Peter Elmore, «Encuentro de zorros: testimonio de parte», en *idem* p. 141.

Angela María Pérez, «La Pasión según Satanás» (sobre el carnaval de Riosucio) en revista *Boletín Cultural y Bibliográfico* Nº 10, volúmen XXIV, 1987, p. 60.

Jairo Santa, «El Teatro Taller de Colombia», revista *Actuemos* Nº10, año III, mayo-junio de 1984, Bogotá.

Instituto Colombiano de Cultura, *Directorio Teatral Colombiano*, Bogotá,1991.

Anexo

Grupos callejeros actuales

RECREO TEATRO - BARRIO COMPARSA
(Medellín) *Dirección:*
Luis Fernando García.
Apartado postal N°51869
Medellín, Colombia.

Los pájaros de América son de colores, picaresca de barrio.
La vida es bonita, 1995.
Cumbiamba en eclipse.
Arco iris en sol y luna.
Cosmogonía americana, sobre textos del Popol Vuh.
Danzacrónica, corazón y tambor, sobre textos mayas.

ALCARAVÁN
Dirección: Miguel Angel
Quintero, Calle 50
N°14-40, Dosquebradas,
Risaralda, Colombia

Creación en rumba se basa en el Génesis cristiano: creación del hombre, expulsión del Paraíso, personajes alegóricos como el Bien, el Mal, la Muerte, la Libertad. El hombre, después de creado, se va encontrando con estos personajes.

ALEPH TUNAR
(Teatro de la Universidad
de Nariño) *Dirección:*
Apartado aéreo 1603,
Pasto

Ubú cornudo de Alfred Jarry.
Rumipamba, colectiva.
El doble.
Contrapunto al siglo.
La resurrección de los sueños de Alberto Bolaños.
Juegos de la mente.

ARRO' CON MANGO
(Barranquilla) (1985)
Dirección:, Manuel
Sánchez, Apartado aéreo
50349, Barranquilla.

Socorro, 1985, sobre Nicanor Parra.
Hoy decidí vestirme de payaso, sobre Alvaro Cepeda Samudio, 1986.
Ahora vengo yo, sobre Érase una vez un rey del grupo Aleph de Chile, 1987.
Retorta viva, 1987.
Segundo círculo con epílogo pánico, 1996, dir. Luis Guillermo Henao.

ATABÍ (Bogotá), Barrio
San Vicente Ferrer
Director: Iván Méndez,
Calle 54A N°31-28 Sur,
Tel.: 230 59 73,
A.A.43894

Soldados, Carlos José Reyes, 1983, para sala.
Pancracio de rumba, 1984.
La orgía de Enrique Buenaventura, 1986.
Manzanita, 1987.
El pájaro de todo canto, 1990, sobre tradición oral.
Bifurcaciones, 1995.

CARÁNGANO
(Palmira, Valle 1984)
Dirección: Alvaro
Bello, Teléfono: 246 26 17
Bogotá, D.C., Colombia.

Domitilo, rey de la rumba, sobre la propuesta inicial del TECAL, que se basa en cuentos y leyendas de la Costa Pacífica.
La inolvidable papayera, contiene diferentes danzas folclóricas.
La decencia de la muerte, 1987.
El carnaval de la rosa vieja, 1988.
El guapo de Cascadura, colectiva, 1993, basada en la tradición oral recopilada por Agustín Londoño Jaramillo en El testamento del paisa.

CHIMINIGAGUA

(1982)Dirección: Venus Albeiro Silva. Carrera 16A Nº 1-57, Laureles, Bosa, Bogotá D.C.

ENSAMBLAJE
Dirección: Misael Torres,
Apartado aéreo 19800,
Bogotá D.C., Colombia

La madriguera de Jairo Aníbal Niño, 1982. (Nuevo Teatro de Panto-mima).
La fiesta total del teatro, Misael Torres, 1984.
La feria de los sueños. Herodes en los tiempos de la esperanza.
Los cuentos del juglar. El cuento de Domingo Carreta.
Curaca o danza del origen. Las tres preguntas del diablo 1989, de Misael Torres. *Cristóbal, el mago*, de Misael Torres, 1989.
Cantos y cuentos, de Misael Torres, 1990.
La maldición, basada en *La tempestad* de Shakespeare, 1990, de Misael Torres. *Los ritos del retorno*, 1990, de Juan Carlos Moyano.
Memoria y olvido de Ursula Iguarán, 1991, con un grupo de nombre de Colectivo Cien Años de Soledad.
Las tres preguntas del diablo enamorado de Misael Torres, 1994, participó en el IV Festival Iberoamericano. *Cuentos de mar y amor*, 1994. *Ñaque*, sobre José Sanchis Sinisterra, 1996.

ENSAMBLE (1982)

Sobresalto, que trata de mostrar la irracionalidad de la violencia, especialmente la actual del país.

EXPERIMENTAL DE FONTIBÓN (1979)
Dirección: Emilio Ramírez,
Bogotá.

Informe para una Academia sobre Franz Kafka, 1985.
La suegra del diablo, sobre José Antonio León Rey, 1993.
Calle 41A Nº99-28, Fontibón, Bogotá.

INGENIARTE
Dirección: Concejo
Vallecaucano de Teatro, Cali.

La Feria de Cali para los Niños, 1991
El Carnaval de la Fantasía 1993. Stand promocional, *Semana de la Vallecaucanidad*, 1994 y 1995.

ITINERANTE DEL SOL
Dirección:
Beatriz Camargo, Calle 11
Nº 9-33, Apartado aéreo
42542, Villa de Leyva,
Boyacá, Colombia

Evahoé. Las bacantes. Ericapaios. La ocarina. Mamá de la Candelaria, teatro callejero mitológico y sagrado. *Eart*, sobre mitos de los indios Kogui de la Sierra Nevada de Santa Marta. *Muysua*, obra que resultó seleccionada en 1994 para el Festival Nacional de Medellín. La palabra significa «sueño» en muisca, y rescata también la mitología y las creencias indígenas. *El siempreabrazo*, 1994, ganadora de una beca de Colcultura, es una alusión a la tierra como la madre de la cultura. Participó en el Festival Iberoamericano de Bogotá de 1994.

JULIO FERRO, mimo.

Historias para desamordazar el miedo, 1983.
Abril-tranvía 48 sobre el *bogotazo* del 9 de abril de 1948.
Construcción. El tañir de las campanas. Sentimiento de un tango.
La muerte de Abel Antonio. Juegos para una efemérides, 1992, sobre la conquista de América.

KERIGMA
Dirección: Enrique
Espitia, Carrera 12
Nº 11-72 Bosa,
Bogotá D.C., Colombia

Montajes:Un hombre es un hombre, Bertold Brecht, 1985.
¿Quién se robó esta bala?, César Rengifo, 1986. *El muerto resucitado*,
Lu Sin, 1987. *No puedo imaginar el mañana*, 1989.
De cafingos y guacales, 1993, en Muestra de Bogotá.
Obra de sala. *Los bandoleros*, 1995. *Ejercicio para sillas*, 1996. *Vialucis*,
1996, en V Festival Iberoamericano de Bogotá.

LA LOCA COMPAÑÍA
1981 *Dirección:* Rodrigo
Jiménez F. Barrio María
Cristina, 1a. etapa, Bloque 1,
Apto. 301.
tel. 44 68 75 - 44 6016
Armenia. Quindío

Mitos y leyendas, 1992. Aparecen personajes creados por la fantasía
popular, como la Madremonte, el Patas, la Llorona, la Patasola, el
Mohán, la Mula Herrada, Chiminigagua, etc.
A la diestra de Dios Padre, sobre el texto de Enrique Buenaventura, a
su turno inspirado en Tomás Carrasquilla, 1993, que participó en el
Festival Nacional de Manizales y luego, en 1994, en el de Medellín
(Nacional). *Fantasía*, infantil, 1992.

PA' LO QUE SEA
(Pereira, Colombia-
Barcelona, España)

Juan Angola. Carnaval en San Basilio de Palenque, colectiva.
¿Quién se robó la luna? de Rubén Vélez, títeres.
Los monstruos del bosque, títeres, colectiva.
La avispita, pantomima. *Rompe Candela*, callejera.

PAPAYA PARTÍA
(1982)
(sala y calle) Dirección:
Calle 60 A Nº 3-41,
Bogotá, D. C.

Súcubos, colectiva, 1985. *Los cibernéticos. El vals sangriento. La
cena. E' Thalegro y la beba inbávida. La sábana rota o el trapo unato.
Intersticios*, 1988. *Gozatrío. Fuego. Réquiem. Conjuegaciones*, 1988.
Ytalque. Con zzzzabor a chocolate... azul, de Héctor Flórez, 1990,
participó en el II Festival Iberoamericano.
Las muñecas que hace Juana no tienen ojos, 1993, de sala, sobre
Alvaro Cepeda Samudio. *Cambalache o el juego de los excesos*, 1994,
participó en el III Festival Iberoamericano, callejera.
Bitácora, 1994. *Maribondo me mordió*, 1995, participó en el Festival
Distrital de Bogotá.

**TALLER DE
COLOMBIA**
1972
Dirección: Jorge Vargas
y/o Mario Matallana,
Calle 10 Nº 19 Este,
Bogotá D.C., Colombia

El génesis, 1972. *Los despiertos*, 1972 (en Costa Rica, sobre poemas
de Bravo y Asofeifa). *Pasión y muerte*, sobre la pasión de Cristo, 1974.
La Virgen de San Juan de los Lagos, (Virgen mexicana), 1975 *Collage
latinoamericano*, 1976.
Cuando las marionetas hablaron, sobre textos de Juan Carlos Moyano,
1976. *Hoy no hay función*, 1977. *Actos cortos, pintando, pintando, auto
de Navidad. La pelea del siglo*, 1978. *El cuento de un tirano*, 1979. *Los
amigos de Candelita*, 1979, sobre Saúl Ibargoyen Islas. *La cabeza de
Gukup*, sobre el Popol Vuh, textos de Juan Carlos Moyano, 1980.
Rumba vida, 1981. *El inventor de sueños*, colectiva, 1982. *El jardín
subterráneo*, textos de Milcíades Arévalo, 1985. *Prometeo*, adaptación
de Esquilo de Beatriz Calvo, 1986. *Icono solar*, textos y dirección de
Beatriz Calvo, 1989. *Payaso*, sobre textos de Rugiero León Cavallo,
Beatriz Calvo y Mario Matallana, 1991. *Popón, el brujo, y el sueño de
Tisquesusa*, de Fernando González Cajiao, 1994. Mención del premio
Plural en México en 1991. *El principito*, sobre Antoine de Saint-Exupéry,
1995. *Los cíngaros*, 1995.

LA TARIMA, 1981
(Barranquilla / Medellín)
Director
El kin Giraldo.

Rastros y rostros. La balada de los tarros. Vamos a pintar la sonrisa de la luna. Compases en silencio, obras anteriores a 1985. Participó en Manizales en 1986. *Sed de rumba*, 1990, se presentó en el II Festival Iberoamericano.

TEATRO DE LA NOCHE
Dirección: Camilo
Ramírez Triana,
Calle 43 N° 55B-31,
Bogotá, D.C. Colombia

El circo invisible con Juan Carlos Moyano, Festival de Manizales. *Fábulas*, adaptación del poeta francés Aloisius Bertrand, 1988. *Narraciones fantásticas*, 1990. *El encuentro*, 1990. *Fú, rito festivo*, 1991. *La bolita*, 1992. *Doraminta* de Luis Vargas Tejada, 1995 (sala). *Fulgor y muerte de Joaquín Murieta* de Pablo Neruda. *La burbuja cuadrada* de Fredy González. *Comparsa del pájaro. Bazar de teatro y sol*, 1990. *Comparsa del ritmo-teatro de los parque*, 1991. *Memoria y olvido de Ursula Iguarán*, 1991. *Fu, rito festivo*, co-producción con el Teatro Experimental de Fontibón, 1995. *Maribas*, 1996.

TEATRO DE LA CALLE (Tomás Latino),
de Ibagué.(1978)

¡Iiii! ¡San Juan!, 1978, sobre folclor tolimense. *La leyenda de Ambalá*, sobre tradiciones indígenas. *Mascarada infantil. La sentencia de Juana la Loca. Otra vez don Juan Tenorio. Los martirios de Colón*, sobre el poeta venezolano Aquiles Nazoa. *La historia de Jonás. El policía y el himno.*

TECA 1988
(Cali) (Centro Experimental Comunitario Abierto)
Dirección: Daniel Andrés
Rocancio, Carrera 5ª
N° 8-23, Yumbo,
Valle del Cauca, Colombia.

Arco iris, sobre la explosión de los camiones en Cali, cuando era la época de la dictadura de Rojas Pinilla, en 1956, a partir de lo que contaba la gente, 1993. *Belalcázar*, 1993. *La historia de don Mariano*, 1994, cuento de una invasión de negros a una hacienda, nocturna siempre. *Buzirako*, 1994, video de 60 personas, historia del personaje que robó los hábitos de un cardenal, no es cronológica. *Reparando juegos* en Festival Infantil de Medellín, 1996.

TECAL
(Teatro Estudio Calarcá)
de Bogotá (1976)
Dirección: Críspulo Torres,
Calle 13 N° 2-70,
Bogotá D.C., Colombia.

La cruz de tiza, 1978. *Los amigos de Candelita*, 1979. *Domitilo, rey de la rumba*, 1982. *El tío conejo*, 1983. *El pequeño poder*, 1985. *Crónica del delirio*, 1986. *Los tambores del Tecal*, 1986. *El ánima*, 1987. *Barrio plateado de luna*, sobre Andrés Caicedo, 1987. *Acuarela*, 1989. *Crónicas del delirio*, 1990. *Momentos íntimos*, sobre Kary Modiano, 1990. *Los protegidos*, de Juan Carlos Ghini, 1991. *En silencio*, Darío Fo, 1991. *Preludio para andantes*, 1991. *Las cartas boca abajo*, sobre Antonio Buero Vallejo, 1991, de Gustavo Cañas. *El último instante*, de Franklin Domínguez, dir. Mónica Camacho. *El tambor del diablo*, 1991, de Críspulo Torres. *Sinfonía nocturna*, 1991, de Críspulo Torres. *Vamos a matar los gaticos* sobre Alvaro Cepeda Samudio, 1991. *El encanto. Galería del amor* (sala), 1993.

VENDIMIA 1984
Dirección: Car los Araque,
Carrera 13 N° 16-23 Sur,
Bogotá, D.C., Colombia.

La parábola del trueque o *El soñador soñado*, 1988, sobre cuentos del mexicano Juan José Arreola. *Julia o la fábula del universo*, 1989. *Informe para una academia*, basada en Franz Kafka. *Medianoche*, 1990. *Canek o las transfiguraciones del sueño*, 1992, 1995. Canek es el indio que enfrenta la opresión con sabiduría y ternura; actitudes propias de un hombre que ha estado cerca de la naturaleza. *Memorias de un genocidio interior*, 1993, es una danza escultural.

Contenido

Capítulo IV

EL TEATRO TALLER DE COLOMBIA

Anexo

www.ingramcontent.com/pod-product-compliance
Lightning Source LLC
Chambersburg PA
CBHW081253130726
47998CB00010B/2776